Constanza Kaliks, Philipp Reubke, Peter Selg

«Wahre Menschen-Erkenntnis»
Rudolf Steiners letzter pädagogischer Kurs in Stuttgart (April 1924)

Constanza Kaliks, Philipp Reubke, Peter Selg

«Wahre Menschen-Erkenntnis»

Rudolf Steiners letzter pädagogischer Kurs in Stuttgart (April 1924)

Verlag am Goetheanum

edition freie hochschule

Pädagogische Sektion und
Allgemeine Anthroposophische Sektion
der Freien Hochschule für Geisteswissenschaft

Der Verlag am Goetheanum im Internet:
www.goetheanum-verlag.ch

Satz: ATHENA Verlagsdienstleistungen, Oberhausen
Umschlag: Wolfram Schildt, Berlin
Druck und Bindung: Custom Printing, Warszawa, Poland

ISBN (Print) 978-3-7235-1767-3
ISBN (E-Book) 978-3-7235-1768-0

Inhalt

Vorwort

2022 begann innerhalb der Pädagogischen und Allgemeinen Anthroposophischen Sektion der Freien Hochschule für Geisteswissenschaft (Goetheanum) eine Veranstaltungsreihe «Feste einer humanistischen Pädagogik», die Rudolf Steiners großen Erziehungskursen der Jahre 1922–1924 gewidmet ist.[1]

Die Veranstaltung am 25. April 2024 zu Rudolf Steiners pädagogischen Vorträgen «Die Methodik des Lehrens und die Lebensbedingungen des Erziehens», die im April 1924 innerhalb einer Tagung über «Die Stellung der Erziehung im persönlichen und im Kulturleben der Gegenwart» gehalten wurden, fand im großen Saal des Rudolf Steiner Hauses Stuttgart statt; eingeladen waren alle Kolleginnen und Kollegen der Waldorfschulen und -kindergärten in Stuttgart sowie die StudentInnen und DozentInnen der pädagogischen Ausbildungen.

Die von uns im Rahmen dieser Zusammenkunft gehaltenen Vorträge arbeiteten wir in schriftlicher Form aus und stellen sie hiermit zur Verfügung. Unser Dank gilt allen gekommenen Kolleginnen und Kollegen sowie dem lebendigen Austausch in Gesprächen und Gesprächsgruppen, darüber hinaus Tomáš Zdražil und Andreas Höying von der Pädagogischen Hochschule und der Freien Waldorfschule Uhlandshöhe, die das Treffen ermöglicht und organisiert haben!

Goetheanum, Juni 2024
Constanza Kaliks, Philipp Reubke, Peter Selg

---

1 Tonbandaufnahmen der gehaltenen Vorträge s. u. https://www.goetheanum-paedagogik.ch/.

Für die Waldorfschultagung zu Ostern

Das durchlaufende Grundthema soll sein:

Die Stellung der Erziehung im persönlichen und im Kulturleben der Gegenwart.

Mein eigenes Thema für 6. – 11. April soll sein:

Die Methodik des Lehrens und Lebensbedingungen des Erziehens.

Für die einzelnen Vorträge und Darbietungen sollen Themen und Personen vom Lehrercollegium so bestimmt werden, dass dem obigen Allgemein-Thema Rechnung getragen wird.

Es sollte zur Anschauung (mit allen möglichen Mitteln) gebracht werden, wie die Waldorfschule in ihrer Methodik und in der Handhabung der Lebensbedingungen des Erziehens eine paedagogische Praxis erstrebt, die ebenso den Forderungen des Menschenwesens wie den Culturforderungen der Gegenwart im Erkenntnis- künstlerischen und religiösen Leben entsprechen will.

Zur schriftlichen Abstimmung durch den Vorstand laufend:

Unterschriften:

1. Rudolf Steiner
2. Albert Steffen
3. Dr. I. Wegman
4. Marie Steiner
5. Guenther Wachsmuth
6. E. Vreede

Rudolf Steiner: Thema und Ziel der pädagogischen Ostertagung (Stuttgart 1924) mit Unterschriften des Vorstands der Anthroposophischen Gesellschaft (Goetheanum).

Peter Selg

«Wahre Menschen-Erkenntnis» Stuttgart, April 1924

Die «Erziehungstagung» der Freien Waldorfschule Stuttgart, die vom 7. bis 13. April 1924, bis zum Palmsonntag, zur «Stellung der Erziehung im persönlichen und im Kulturleben der Gegenwart» stattfand,[1] stand im Zeichen und in der Ausstrahlung der Weihnachtstagung 1923/24 der Anthroposophischen Gesellschaft.

Auf der Weihnachtstagung – und durch sie – hatte Rudolf Steiner das Verhältnis der anthroposophischen Bewegung (und damit auch der bestehenden anthroposophischen Institutionen wie der Freien Waldorfschule Stuttgart), der Anthroposophischen Gesellschaft und der Freien Hochschule für Geisteswissenschaft in Dornach (Goetheanum) neu geordnet.[2] Er wollte hinfort eine viel engere Zusammenarbeit von Bewegung, Gesellschaft und Hochschule und schuf die Voraussetzungen dafür. Er wollte ein existenzielles Interesse der Anthroposophischen Gesellschaft für die Situation, für die oft sehr bedrängte Lage der anthroposophischen Einrichtungen, wirkliches gesellschaftliches Engagement. Gründungen wie die Freie Waldorfschule waren von aktiven Mitglie-

1 Tagungsprogramm in: Rudolf Steiner: *Die Methodik des Lehrens und die Lebensbedingungen des Erziehens.* GA 308. Dornach [5]1986, S. 94 f.

2 Vgl. zuletzt Peter Selg: *Die anthroposophische Weltgesellschaft und ihre Hochschule.* Dornach 2023.

dern der Anthroposophischen Gesellschaft auf den Weg gebracht worden, auch wenn sie keine Institutionen der Anthroposophischen Gesellschaft waren. In den folgenden Jahren aber hatte die Gesellschaft als solche nur wenig Anteilnahme an der Schule gezeigt, an deren Sorgen und Nöten[3] – und die in der Schule tätigen Lehrerinnen und Lehrer hatten ihrerseits immer weniger Zeit und Engagement für die Gesellschaft aufgebracht. Sie waren mit der Schule hinreichend beschäftigt, und die Gesellschaft stand, als weitgehende Studiengemeinschaft, mit ihren Zweigen abseits, wirkte nur wenig anziehend und anregend. Steiner machte deutlich, dass diese Entwicklung mittel- und langfristig schädlich sein würde; er wies darauf hin, dass die Schule die inspirative Kraft der Anthroposophie für die Aufrechterhaltung und Weiterentwicklung ihres qualitativen Niveaus benötigen werde, indirekt auch die Kraft der Gesellschaft. Das Gleiche gelte für alle anderen anthroposophischen Einrichtungen.[4]

---

3 Noch am 7. Oktober 1924, als Rudolf Steiner bereits krank im Dornacher Atelier lag, berichtete ihm der Waldorflehrer Herbert Hahn in einem vierseitigen Typoskript von Erfahrungen einer Reise, die Hahn quer durch Deutschland – auf der Suche nach finanzieller Unterstützung der Schule – geführt hatte. Hahn beschrieb Steiner u. a., dass die Mitglieder der Anthroposophischen Gesellschaft an vielen Orten fast nichts von der Waldorfschule wüssten und sich nur minimal engagierten. Hahn sah (wie Steiner) die Notwendigkeit, eine «grosse Bewegung für die anthroposophische Pädagogik in die Wege zu leiten»; er sprach auch vom lebhaften Interesse der pädagogischen Fachpresse, von existierenden pädagogischen Studiengruppen. Die Zweige der Anthroposophischen Gesellschaft aber blieben hinter all dem weit zurück, so Hahn (Rudolf Steiner Archiv, RSA). Kleinere Waldorfschulen nach dem Stuttgarter Modell gab es zu diesem Zeitpunkt in Köln, Essen und Hamburg-Wandsbek – sowie im niederländischen Den Haag.

4 Vgl. zu den Entwicklungen zu Lebzeiten R. Steiners im Einzel-

Darüber hinaus brachte die Weihnachtstagung die Neugründung der Freien Hochschule für Geisteswissenschaft mit einem esoterischen Schulungslehrgang für alle Hochschulmitglieder, beginnend mit einer Ersten Klasse, sowie die Einrichtung von Fachabteilungen (Sektionen) für die einzelnen Lebensgebiete, darunter für die Pädagogik. Rudolf Steiner übernahm in personam die Leitung der pädagogischen Fachabteilung, darüber hinaus die Leitung der allgemein-anthroposophischen Sektion, in der die esoterischen Stunden der Ersten Klasse als Weg der inneren Schulung stattfinden sollten, aber auch Vorträge, Seminare und Publikationen, die die Anthroposophie als solche betreffen. Die Hochschule sollte durch ihre Forschungs- und Lehrtätigkeit in Zukunft die Lebensgebiete impulsieren – und zugleich zum Herz der Anthroposophischen Gesellschaft werden.[5]

Das Programm der Stuttgarter Erziehungstagung im April 1924 wies als Veranstalter erstmals den Vorstand der Anthroposophischen Gesellschaft und das Lehrerkollegium der Schule aus. Für das Verständnis dieser erstaunlichen Tatsache ist es gut, die Lehrerkonferenz vom 5. Februar 1924 zu berücksichtigen – die erste mit Rudolf Steiner nach der Weihnachtstagung. Sie begann damit, dass ein Mitglied des Verwaltungsrates der Schule im Namen seines Gremiums erklärte, alle Kollegen wollten ihre Ämter an Rudolf Steiner zurückgeben, damit Steiner,

---

nen: Peter Selg: *Rudolf Steiner. 1861–1925. Lebens- und Werkgeschichte. Band 6: Die Zerstörung des Ersten Goetheanum und das Jahr 1923*. Arlesheim [2]2017.

5 Vgl. Peter Selg: *Die Freie Hochschule für Geisteswissenschaft und die Michael-Schule.* Arlesheim 2014; Peter Selg; Marc Desaules (Hg.): *Die Freie Hochschule für Geisteswissenschaft. Beiträge zum Verständnis und zum Weiterwirken der Weihnachtstagung. Band* 4. Arlesheim 2014.

im Geist der Weihnachtstagung, bestimmen könne, wie die Schule in ihrem Verhältnis zur Anthroposophischen Gesellschaft und ihrer Freien Hochschule für Geisteswissenschaft in Zukunft geleitet werden solle – auch im Hinblick auf einen möglichen direkten Anschluss der Schule an das Goetheanum und seine Hochschule.[6] Rudolf Steiner antwortete ausführlich und sehr differenziert auf das Anerbieten. Den direkten Anschluss der Schule an das Goetheanum bzw. seine Freie Hochschule für Geisteswissenschaft empfahl Steiner nicht. Die Freie Waldorfschule Stuttgart sei keine Institution der Anthroposophischen Gesellschaft, sondern eine vollkommen freie Schöpfung, die lediglich die anthroposophische Pädagogik in sich aufgenommen habe. Es sei Teil der Kulturaufgabe der Schule und der Wahrnehmung dieser Aufgabe in jeder Hinsicht dienlich, wenn die Schule frei, auf sich gestellt bleibe, auch vor den Behörden. Hilfreich sei dagegen, wenn das Lehrerkollegium als solches bzw. die

---

6 Bereits drei Wochen zuvor, am 13. Januar 1924, hatte der Stuttgarter Waldorflehrer E. A. Karl Stockmeyer bei Rudolf Steiner angefragt, wie künftig mit den «Freien Anthroposophischen Hochschulkursen» zu verfahren sei, die seit 1920 in den Räumen der Schule stattfanden und viele Studenten angezogen hatten. Die Kurse seien, so Stockmeyer, bisher weit hinter den anfänglichen Zielsetzungen zurückgeblieben. Eine Weiterführung in Zukunft sei nur sinnvoll, wenn sie künftig unter der Leitung des Goetheanum stehen würden – im Hinblick auf die Auswahl der Referenten, die Themen der Beiträge und die «Art der Arbeit». Offensichtlich war Rudolf Steiner für eine Fortführung der «Freien Anthroposophischen Hochschulkurse»; am 4. Mai 1924 übersandte Stockmeyer Steiner das handschriftliche Programm des nächsten Kurses (Sommer 1924, «8. Semester»), das die Unterschrift «Der Vorstand der allgemeinen Anthroposophischen Gesellschaft und die Leitung des Lehrerkollegiums der Hochschulkurse» tragen sollte. Alle Dozenten waren Mitglieder des Stuttgarter Lehrerkollegiums (RSA).

einzelnen Lehrer Mitglieder der Freien Hochschule für Geisteswissenschaft in Dornach würden, und dies nicht als Privatpersonen, sondern «als Lehrer der Schule». Sofern dies der Fall sein würde, könne die Freie Hochschule für Geisteswissenschaft durch ihren allgemeinen Schulungslehrgang und durch ihre pädagogische Sektion ein Impulsgeber der Schule werden und durch das Lehrerkollegium wirken. Die Hochschule in Dornach arbeite für die Einsicht und das Leben; sie habe die Aufgabe, wissenschaftliche und künstlerische Aufgaben zu lösen und könne daher auch dem Kollegium eine Hilfe sein.[7]

Zum Zeitpunkt der Konferenz, im Februar 1924, hatten bereits verschiedene Lehrerinnen und Lehrer der Stuttgarter Schule um die Hochschulmitgliedschaft am Goetheanum nachgesucht. Sie hatten verstanden, dass diese Hochschulmitgliedschaft für Menschen gemeint war, die sich nicht nur allgemein für Anthroposophie interessierten, sondern sich für die anthroposophische Geisteswissenschaft aktiv einsetzen, ja Verantwortung für sie übernehmen wollten – und dafür einen Weg der Vertiefung ihres eigenen Seelenlebens suchten. Als Lehrerinnen und Lehrer der Freien Waldorfschule standen sie für die Anthroposophie auf praktischem Feld ein; so empfanden viele von ihnen, auch wenn die Waldorfschule als solche keine Weltanschauungsschule war und keine Anthroposophie lehrte. So hatte Herbert Hahn beispielsweise bereits am 11. Januar 1924 um «Zulassung» zur Hochschule gebeten; seine Mitarbeit, so hatte er an Rudolf Steiner geschrieben, könne in Form eines Anschlusses an die pädagogische, eventuell in Zukunft auch an eine sprachwissenschaftliche Abteilung der Hochschule

7 Vgl. Rudolf Steiner: *Konferenzen mit den Lehrern der Freien Waldorfschule 1923–1924*. GA 300c. Dornach [1]1975, S. 110–122.

geschehen.[8] Nach der Konferenz mit Rudolf Steiner bewarben sich viele weitere Lehrerinnen und Lehrer um die Hochschulmitgliedschaft in Dornach. Manche von ihnen schrieben ein zweites Gesuch um Aufnahme, nunmehr explizit in ihrer Eigenschaft als Lehrer der Waldorfschule; so hieß es beispielsweise in einem Brief von E. A. Karl Stockmeyer am 25. Februar 1924, «dass ich darum bitte der Hochschule nicht nur überhaupt, sondern in meiner Eigenschaft als Lehrer an der Freien Waldorfschule angehören zu dürfen».[9] In der Folge begann Lilly Kolisko, auf der Basis ihrer Dornacher Stenogramme und mit Einverständnis, ja Empfehlung Rudolf Steiners, der Stuttgarter Lehrerschaft die neunzehn Stunden der Ersten Klasse bis zum Herbst 1924 zu halten,[10] was von tiefgehender Wirkung für den Zusammenhalt und die Zusammenarbeit des jungen Kollegiums war.[11]

In der Konferenz vom 5. Februar 1924 hatte Rudolf Steiner auch die Frage gestellt, ob die Waldorfschule bereit sei, im Sinne einer sich intensivierenden Zusammenarbeit mit der Anthroposophischen Gesellschaft die

---

8 Herbert Hahn an Rudolf Steiner, 11.1.1924. RSA.

9 E. A. Karl Stockmeyer an Rudolf Steiner, 25.2.1924. RSA.

10 Wann genau Lilly Kolisko mit dem Halten der Stunden begann, ist bisher m. W. nicht bekannt. Am 29. Februar 1924 dankten die 37 bisher in die Hochschule aufgenommenen Lehrerinnen und Lehrer Rudolf Steiner brieflich für die Erlaubnis, die Stunden künftig durch Lilly Kolisko in Stuttgart hören zu können. Dies hatte ihnen Lilly Kolisko aus Dornach mitgeteilt. Abbildung des Briefes aus dem Rudolf Steiner Archiv Dornach in Soili Turunen: *Lilly Kolisko – Vom Mysterium der Materie. Eine dokumentarische Biographie*. Arlesheim 2024, S. 97.

11 Vgl. Johannes Kiersch: *Zur Entwicklung der Freien Hochschule für Geisteswissenschaft. Die Erste Klasse*. Dornach 2005, S. 94 ff. und Soili Turunen: *Lilly Kolisko – Vom Mysterium der Materie. Eine dokumentarische Biographie*, S. 77 ff.

kommende «Ostertagung» der Gesellschaft in sich aufzunehmen. Die kurze Stenogrammpassage der Lehrerkonferenz gestattet nicht, diese Anfrage genauer zu verstehen; sie ist deutungsoffen. Fragte Rudolf Steiner nach der Bereitschaft, die Räume der Schule dafür zur Verfügung zu stellen, oder ging es um mehr oder anderes, um eine wirkliche Kooperation? «Ich werde das Programm aufstellen.»[12] In der Folgekonferenz vom 27. März 1924 kam Steiner auf die «pädagogische Ostertagung» (so die Worte eines Kollegiumsmitglieds[13]) zurück und brachte zum Ausdruck, dass der Dornacher Vorstand sich entschieden habe, die eminente Wichtigkeit des Waldorfschulprinzips im Erziehungssystem der Gegenwart bei der Tagung sichtbar zu machen; der Vorstand sei zur Mitarbeit entschlossen.[14] Die ursprünglich angedachte «Ostertagung» der Anthroposophischen Gesellschaft wurde dann zu jener Erziehungstagung über «Die Stellung der Erziehung im persönlichen und im Kulturleben der Ge-

12 Rudolf Steiner: *Konferenzen mit den Lehrern der Freien Waldorfschule 1923–1924*. GA 300c, S. 122.

13 Ebd., S. 136. Vgl. a. Ernst Lehrs: «Man hatte zunächst von ihr als von einer Pädagogischen Tagung gesprochen. Plötzlich aber hieß sie *Erziehungstagung.*» (Ernst Lehrs: «Eindrücke von der Stuttgarter Erziehungstagung». In: *Was in der Anthroposophischen Gesellschaft vorgeht. Nachrichten für deren Mitglieder.* 1. Jg., Nr. 16, 27. April 1924, S. 62).

14 Rudolf Steiner: *Konferenzen mit den Lehrern der Freien Waldorfschule 1923–1924*. GA 300c, S. 136–138. Ernst Lehrs schrieb in seinem Tagungsbericht: «Vor der Stuttgarter Erziehungstagung bildete sich eine Art Vorfestesstimmung. Sie war ja für alle Anthroposophen, die die Weihnachtstagung unmittelbar oder mittelbar erlebt hatten, schon von dem Augenblicke an gegeben, wo der Dornacher Vorstand sich mit der Lehrerschaft zu der Veranstaltung verbunden hatte.» (Ernst Lehrs: «Eindrücke von der Stuttgarter Erziehungstagung», S. 63).

genwart», die in der Vorosterzeit in den Räumen der Schule, im Haus der Anthroposophischen Gesellschaft in der Landhausstraße und in einem großen öffentlichen Gebäude in Stuttgart stattfand. Rudolf Steiner sprach im Gustav-Siegle-Haus am Leonhardsplatz (Stuttgart-Mitte) in fünf öffentlichen Vorträgen über «Die Methodik des Lehrens und die Lebensbedingungen des Erziehens»; im Haus der Anthroposophischen Gesellschaft fanden die Eurythmie-Aufführungen der Dornacher Bühne im Rahmen der Tagung statt – und die Vorträge der Lehrerinnen und Lehrer[15] sowie die Schülerbeiträge und Führungen hatten ihren Platz im Schulgebäude.

Anders als im Programm der Berner Erziehungstagung, die kurz darauf, in der Karwoche, im Berner Rathaus veranstaltet wurde (wiederum mit Beteiligung des Stuttgarter Kollegiums)[16], wies das Stuttgarter Tagungsprogramm keinen Mitgliedervortrag und keine Klassenstunde vor. Ein Mitgliedervortrag über Karma-Fragen fand zwar am Mittwochabend, den 9. April 1924, in Stuttgart im Haus der Anthroposophischen Gesellschaft in der Landhausstraße statt, aber außerhalb des Tagungsprogrammes; auch auf eine Klassenstunde hoffte man zwischen dem 8. und 13. April 1924 vergeblich. Von einer Klassenstunde in der «allgemein pädagogischen Sektion» der Hochschule (so die Formulierung Steiners im Bericht über die Berner Tagung)[17] war in Stuttgart keine Rede. Vielleicht

---

15 Vgl. deren Titel und Themenstellungen in: Rudolf Steiner: *Die Methodik des Lehrens und die Lebensbedingungen des Erziehens.* GA 308, S. 94 f.

16 Vgl. Rudolf Steiner: *Anthroposophische Pädagogik und ihre Voraussetzungen.* GA 309. Dornach [5]1981 und Peter Selg: *Anthroposophische Pädagogik. Rudolf Steiners Kurs im Berner Rathaus.* Arlesheim 2015.

17 «Es konnten innerhalb der pädagogischen Veranstaltung in

war die Zurückhaltung den Schwierigkeiten in Stuttgart in den vorangegangenen Jahren geschuldet oder auch der Tatsache, dass es hier (anders als in Bern) bereits eine Waldorfschule gab, die im Blick der Öffentlichkeit und des Ministeriums stand. In jedem Fall aber war die Erziehungstagung ein erster, sorgsam bedachter Schritt in die Richtung der Weihnachtstagung und ihrer Intentionen – und in die Öffentlichkeit.[18] Klassenstunden hielt Steiner in Stuttgart bis zu seinem Tod nicht; um Selbsterziehung im «subjektiven» und «objektiven» Sinne – um die Erziehung des eigenen Selbst und des «Selbst des andern»[19] – aber ging es in seinen pädagogischen Vorträgen vom April 1924 sehr wohl, auch um die Erziehung des «Himmelsmenschen», wie Rudolf Steiner sagte, des himmlischen Menschen im Erdenmenschen.[20]

Bern sowohl ein Mitgliedervortrag wie auch eine Klassenstunde der allgemein pädagogischen Sektion der Freien Hochschule abgehalten werden.» (Rudolf Steiner: *Die Konstitution der Allgemeinen Anthroposophischen Gesellschaft und der Freien Hochschule für Geisteswissenschaft. Der Wiederaufbau des Goetheanum (1924–1925)*. GA 260a. Dornach [2]1987, S. 223).

18 «Wer die Stuttgarter Erziehungstagung mitgemacht hat, der konnte erleben, in wie wunderbarer Weise sich durch Dr. Steiner selbst die Weihnachtstagung in die Öffentlichkeit hinein auswirkt», schrieben Wilhelm Rath, Ernst Lehrs und Maria Röschl. Vgl. «An die Mitglieder der Freien Anthroposophischen Gesellschaft». In: *Was in der Anthroposophischen Gesellschaft vorgeht. Nachrichten für deren Mitglieder.* 1. Jg., Nr. 16, 27. April 1924, S. 63 f.

19 Rudolf Steiner: *Die Methodik des Lehrens und die Lebensbedingungen des Erziehens.* GA 308, S. 81.

20 Ebd., S. 87: «Wenn der Mensch richtig erzogen wird auf der Erde, dann wird auch der Himmelsmensch richtig erzogen, denn im Erdenmenschen lebt der Himmelsmensch. Erziehen wir den irdischen Menschen in der richtigen Weise, so bringen wir durch das Stückchen, das er vorwärtsgebracht werden muss zwischen

In seinem Bericht über die Stuttgarter Erziehungstagung, den Rudolf Steiner für das interne Nachrichtenblatt der Anthroposophischen Gesellschaft schrieb, erläuterte er den Mitgliedern die Wichtigkeit der pädagogischen Zusammenkunft. Sie sollten Anteil an der Pädagogik nehmen – der Bericht erschien explizit in einem Weihnachtstagungsorgan, das den Titel führte «Was in der Anthroposophischen Gesellschaft vorgeht». Auch das inhaltliche Grundmotiv der Ersten Klasse der Freien Hochschule für Geisteswissenschaft trat in Steiners Zusammenfassung auf. Der Mensch sei das unbekannte Gebiet des naturwissenschaftlichen Erkenntniszeitalters, der Epoche der ausschließlichen Sinneserkenntnis. Von vordringlicher Bedeutung sei nun, die «Sprache der Seele» vernehmen zu lernen und erklingen zu lassen. Mit dem Aufruf *Menschenseele!* begann die Grundstein-Meditation der Weihnachtstagung, die, wie die gesamte Waldorfpädagogik, mit der Weckung und Auferstehung der Seelenkräfte zu tun hat,[21] auch mit den förderlichen Beziehungen von Leib, Seele und Geist. In seinem Stuttgart-Bericht für das Nachrichtenblatt der Anthroposophischen Gesellschaft schrieb Rudolf Steiner u. a.:

> Wahre Menschen-Erkenntnis muss den Menschen nach Leib, Seele und Geist erforschen. Denn der Menschenleib ist ein Werk des Geistes und eine Offenbarung der Seele. Will der Erzieher den Leib bilden, so muss er sich an die Kräfte des Geistes wenden, um fortzusetzen, was

---

Geburt und Tod, auch den himmlischen Menschen in der richtigen Weise weiter.»

21 Vgl. hierzu u. a. Peter Selg: *Die Grundstein-Meditation Rudolf Steiners und die Zerstörungen des 20. Jahrhunderts.* Arlesheim [2]2013.

dieser aus dem vorirdischen Leben in diesen Leib an Bildekräften hereinschickt und im irdischen noch weiter fortwirken lässt. Will er die Seele bilden, so muss er den Leib kennen, um zu verstehen, wie das Seelische, das der Geist in diesen Leib verborgen hat, aus demselben herausgeholt werden kann.[22]

Davon handelten Steiners fünf Vorträge während der pädagogischen Tagung über «Die Stellung der Erziehung im persönlichen und im Kulturleben der Gegenwart» in sehr besonderer Weise; sie wurden von nicht weniger als 1700 Menschen gehört.[23]

*

In der Zeit der Tagung traf sich Rudolf Steiner mit dem Lehrerkollegium zu einer Konferenz (Mittwoch, 9. April 1924), aber auch mit den Schülern der 12. Klasse (Donnerstag, 10. April 1924). In diesen Treffen wurde sehr konkret und sehr real, worüber er in seinen Vorträgen sprach; nicht nur eine neue Theorie der Erziehung war gefragt, sondern eine andere Erziehungspraxis auf der Grundlage «wahrer Menschen-Erkenntnis», eine neue pädagogische Ethik und Moral.

In der Konferenz ging es u. a. um die Kritik von Eltern an

---

22 Rudolf Steiner: «An die Mitglieder! Eine Erziehungstagung der Waldorfschule in Stuttgart». In: *Was in der Anthroposophischen Gesellschaft vorgeht. Nachrichten für deren Mitglieder.* 1. Jg., Nr. 15, 20. April 1924, S. 57. Wiederabdruck in: Rudolf Steiner: *Die Methodik des Lehrens und die Lebensbedingungen des Erziehens.* GA 308, S. 90 f.

23 Vgl. Tomáš Zdražil: *Freie Waldorfschule in Stuttgart 1919–1925. Rudolf Steiner – das Kollegium – die Pädagogik.* Stuttgart 2019, S. 439.

zwei Zeugnissen ihrer Kinder oder Jugendlichen. Steiner gab den Eltern recht. Schon der Name eines Schülers sei im Zeugnis falsch geschrieben, es zeuge von Flüchtigkeit statt von Sorgfalt. Die Zeugnisse gäben kein wirkliches Bild der Kinder und müssten neu verfasst werden.[24] Auch auf die Klagen von Lehrern über die Unpünktlichkeit der Kinder ging Rudolf Steiner mit kritischen Rückfragen an das Kollegium ein. Er sah eine mangelhafte Handhabung des Unterrichtsbeginns und alleingelassene Kinder auf den Fluren, fragte nach der Präsenz der Lehrer und gab sich mit dem Hinweis auf das gemeinsame Sprechen des Wochenspruchs aus dem «Seelenkalender» zu dieser Zeit in keiner Weise zufrieden. «Könnte das Lesen des Spruches nicht so eingerichtet werden, dass die Schule nicht darunter leidet?» Und weiter: «Ich war auch [selbst einmal] anwesend, als der Spruch gesprochen worden ist; ich habe auch nicht gefunden, dass der Zulauf zu der esoterischen Vertiefung durch den Spruch so furchtbar groß war. Auch da habe ich sehr viele gesehen, die nicht da waren! Ich muss gestehen, ich glaube, dass das der Fall ist, dass die Lehrer zu spät aufstehen.» Steiner betonte, dass der Lehrer «der Erste» am Morgen in der Schule sein müsse. «Ich glaube nicht, dass das bei uns der Fall ist. Was haben Sie selbst für eine Ansicht darüber?»[25] Die «Ansicht» des Kollegiums «darüber» wurde nicht festgehalten, wenn es sie denn gab. Rudolf Steiner aber trat ganz offenbar für Selbsterziehung im «subjektiven» und «objektiven» Sinne ein – und, in eins damit, für die unverzichtbare Bedeutung einer wirklichen Pädagogik aus den «Lebensbedingungen des Erziehens» innerhalb

24 Rudolf Steiner: *Konferenzen mit den Lehrern der Freien Waldorfschule 1923–1924*. GA 300c, S. 141 f.

25 Ebd., S. 142 f.

der Schule, für eine entsprechende innere Haltung und Aufmerksamkeit. Auch um eine – von Teilen der Elternschaft – verlangte Suspendierung eines schwierigen Schülers ging es in der Konferenz während der Tagung, um ein Ausschlussbegehren, das Steiner nicht unterstützen wollte und für das er keinen zwingenden Grund sah: «In gewisser Beziehung werfen wir uns damit schon selber hinaus, denn es zeigt, dass wir nichts haben anfangen können.»[26] Er wollte das absolute Engagement für alle Kinder und Jugendlichen, den restlosen Einsatz – auch für die sogenannt «schwierigen», oder gerade für sie.[27]

Die Lehrerkonferenz vom 9. April 1924 handelte des Weiteren indirekt von der Entwicklung der Anthroposophischen Gesellschaft und des Goetheanum, wenn auch vermutlich nur kurz. Steiner teilte dem Kollegium u. a. mit, dass er die Lehrerin Maria Röschl nun in Dornach brauche und dass eine geeignete Ersatzperson für ihren Unterricht in Latein und Griechisch in der Stuttgarter Schule gefunden werden müsse. («Es ist eine Sache, die mit allerlei Entwicklungsmöglichkeiten unserer Anthroposophischen Gesellschaft, wie sie sich eben auswirken kann, zusammenhängt.»[28]) Er berief Röschl zur Leiterin der zu begründenden Jugendsektion am Goetheanum, als eine weitere Hochschulabteilung in Dornach; sie werde an der Friedwart-Schule am Goetheanum unterrichten, im Unterricht eine «Jugend-Anthroposophie» ausarbei-

---

26 Ebd., S. 144.

27 Vgl. diesbezüglich u. a. Peter Selg: *«Eine grandiose Metamorphose». Zur geisteswissenschaftlichen Anthropologie und Pädagogik des Jugendalters.* Dornach ²2011, S. 57 ff.

28 Rudolf Steiner: *Konferenzen mit den Lehrern der Freien Waldorfschule 1923–1924.* GA 300c, S. 143.

ten und die Sektion aufbauen.[29] In der vorausgegangenen Konferenz mit dem Kollegium, anlässlich von Steiners Stuttgart-Aufenthalt Ende März 1924, war es u. a. um die Gefährdung der Jugend gegangen, auch durch «deutschvölkische Umtriebe», d. h. durch die anwachsenden rechtsnationalen und -radikalen Parteien und Gruppierungen, die, so Steiner, mit einer starken «suggestiven Gewalt» auf die Jugendlichen Einfluss nehmen würden. Durch die Jugendsektion am Goetheanum solle eine Art «Gegenströmung» eingeleitet werden, so hatte Rudolf Steiner bei der Konferenz am 27. März gesagt.[30] «Dem Stoff sich verschreiben / heißt Seelen zerreiben ...» Der «Stoff» des Nationalsozialismus war kein bloßer Materialismus naturwissenschaftlicher Prägung, sondern mündete in eine reale Vernichtungsströmung, in das Nichts, worüber Rudolf Steiner in seinen Klassenstunden mit großer Prägnanz sprach.[31] Während der Erziehungstagung, am letzten Tag seines Aufenthaltes, nahm er an einer Jugendversammlung im überfüllten Saal des Stuttgarter Zweighauses in der Landhausstraße teil, die ihm außerordentlich wichtig war.[32] Sie wurde von der Freien

---

29 Ebd.

30 Ebd., S. 135.

31 Vgl. hierzu Peter Selg: *Die Auseinandersetzung mit dem Bösen. Zur Schulung der «Ersten Klasse». Hochschulvorträge Band 1.* Arlesheim 2020.

32 «Unsere jungen Anthroposophen hielten eine Jugendversammlung ab, bei der besprochen wurde, was Anthroposophie dem jungen Menschen der Gegenwart für sein Suchen werden kann. An den Gesichtern dieser jungen Freunde konnte man lesen, wie bei ihnen Jugendempfindung mit Gefühl für die Anthroposophie zusammenfällt. Mit tiefster Befriedigung schaue ich auf diesen Teil der Erziehungstagung zurück.» (Rudolf Steiner: *Konferenzen mit den Lehrern der Freien Waldorfschule 1923–1924.* GA 300c, S. 92).

Anthroposophischen Gesellschaft für die Teilnehmer der Erziehungstagung veranstaltet, stand zwar nicht im offiziellen Programm, aber war doch, so der Teilnehmer und Mitinitiator Ernst Lehrs, «Teil der Tagung selber».[33]

Der letzte Punkt der Lehrerkonferenz vom 9. April 1924 betraf die Freie Hochschule für Geisteswissenschaft in Dornach, die, so Steiner, die bereits existierenden Hochschulen nicht ersetzen könne; an vollgültige, staatlich anerkannte Studiengänge sei am Goetheanum vorläufig nicht zu denken. Sehr wohl jedoch sah Steiner dort berufliche Weiterbildungskurse und spirituelle Schulungen zur Bewältigung von Zivilisationsaufgaben; des Weiteren Studien zu Inhalten, die er in seinen bisherigen Kursen umrissen hatte. So unterstützte er mit Nachdruck das Vorhaben einer Stuttgarter Waldorflehrerin (Bettina Mellinger), Inhalte und Perspektiven seines «Nationalökonomischen Kurses» am Goetheanum weiter auszuarbeiten, sagte in dem Zusammenhang jedoch auch in kritischer Wendung: «Es ist wirklich schon so, dass es eine Affenschande ist, dass die Dinge [in den Kursen] fortwährend gegeben werden und dann liegen bleiben.»[34] All dies sollte nun endlich anders werden. Mit der «Freien Hochschule für Geisteswissenschaft» war kein alleiniger Ort mantrischer Kontemplation und Medita-

---

33 Vgl. Ernst Lehrs: «Eindrücke von der Stuttgarter Erziehungstagung». In: *Was in der Anthroposophischen Gesellschaft vorgeht. Nachrichten für deren Mitglieder.* 1. Jg., Nr. 16, 27. April 1924, S. 63. Vgl. a. den ausführlichen Bericht von Ernst Lehrs, Maria Röschl und Wilhelm Rath über diese Jugendversammlung mit Steiner, dessen Worte nicht mitstenographiert wurden: «An die Mitglieder der Freien Anthroposophischen Gesellschaft». Ebd., S. 63 f.

34 Rudolf Steiner: *Konferenzen mit den Lehrern der Freien Waldorfschule 1923–1924*. GA 300c, S. 145.

tion gemeint, sondern eine Arbeits- und Schulungsstätte, mit Fachabteilungen, die in Forschung, Publikation und Lehre tätig sein sollten. *«Die Hochschule in Dornach ist da und muss auch wirklich in Aktion treten, muss etwas tun»*, hieß es in der Konferenz.[35]

Das Treffen mit der 12. (Abschluss-)Klasse der Schule fand am vorletzten Tag von Steiners Stuttgart-Aufenthalt statt, am Donnerstag, den 10. April um 12 Uhr mittags im Lehrerzimmer. Die Klasse hatte Rudolf Steiner mit einem Brief um ein Gespräch gebeten vor ihrem Abgang von der Schule – davon hatte er in der Konferenz vom 27. März berichtet.[36] Rudolf Steiner lud die mit der 12. Klasse betrauten Lehrer ein, dazuzukommen; am großen Tisch im Lehrerzimmer aber sollten die Schüler sitzen, 8 Mädchen und 9 Jungen – und die Lehrer an den Wänden Platz nehmen. Die Schülerinnen und Schüler baten Rudolf Steiner um Rat für ihren weiteren Lebensweg, erzählten von ihren Ausbildungs- und Studienwünschen, jeder einzelne. Es wurde ein sehr persönliches Zwiegespräch, «äußerst sachlich, fast nüchtern, hie und da mit feinem Humor».[37] Rudolf Steiner schlug am Ende ein Wiedersehen nach einem halben Jahr vor, um sich dann über die bis dahin gemachten Erfahrungen auszutauschen. Bei der Schulfeier am 27. März, knapp zwei Wochen zuvor,

---

35 Ebd.

36 Ebd., S. 135: «Die Kinder der letzten Klasse haben mir geschrieben, sie möchten mit mir sprechen.» Den Brief der 12. Klasse (Rudolf Steiner Archiv, Dornach; Beilage eines Briefes von Herbert Hahn an Rudolf Steiner) veröffentlichte Tomáš Zdražil auszugsweise in seinem Buch *Freie Waldorfschule in Stuttgart 1919–1925. Rudolf Steiner – das Kollegium – die Pädagogik*, S. 424.

37 Rudolf Grosse. Zit. n. Peter Selg: *«Eine grandiose Metamorphose»*, S. 74.

hatte er den Schülerinnen und Schülern der obersten Klasse angedeutet, dass sie auf eine schwere geschichtliche Zeit zugehen würden und die Lage sich in 10 bis 20 Jahren (1934/1944) noch viel schwieriger darstellen werde als die furchtbare Zeit des zurückliegenden Weltkrieges und der Nachkriegsjahre. «Und es legt sich wie ein tiefer Schmerz auf die Seele, wenn man an das große Leid denkt, das diese Zukunft für die Menschen bereitet hat.»[38] Beim Klassentreffen am 10. April 1924 war diese politische Prophezeiung offenbar kein Thema, vielmehr die biographisch-beruflichen Vorhaben der einzelnen Schülerinnen und Schüler. Dennoch baten sie Rudolf Steiner um einen Spruch zum Bestehen des Kommenden, und sie bekamen ihn auch, verbunden mit einem Hinweis auf die Bedeutung der von ihnen besuchten Schule:

> Im Leben, das euch erwartet, wird euch die Erinnerung an die Schule begleiten und wenn ihr in einem Lebens-Augenblicke steht, wo ihr keinen Rat findet, und nicht mehr ein noch aus wisst und ihr seid sinnend und hilfesuchend für euch allein, da wird der Geist der Schule hinter euch treten, euch seine Hand auf die Schultern legen und euch Rat und Trost spenden. Ihr habt mich um einen Spruch gebeten, den ich euch hier aufgeschrieben habe.[39]

---

38 Zit. n. Rudolf Grosse, ebd., S. 140. Die Worte Rudolf Steiners wurden offenbar nicht mitstenographiert, finden sich jedenfalls nicht in der publizierten Ansprache zur Monatsfeier vom 27. März 1924 (vgl. *Rudolf Steiner in der Waldorfschule (1919–1924)*. GA 298. Dornach [2]1980, S. 198 ff.) Vgl. diesbezüglich auch Anmerkung 54 in Peter Selg: *«Eine grandiose Metamorphose»*, S. 140.

39 Rudolf Grosse. Zit. n. ebd., S. 75.

Rudolf Steiner, so berichtete der Teilnehmer Rudolf Grosse in seinen Erinnerungen, las den Spruch vor und empfahl den Schülerinnen und Schülern, ihn in ihr Herz zu nehmen, ihn zu meditieren. Dann verabschiedete er sich. Zurück blieb, so Grosse, ein Gefühl des Glücks, größter Zuversicht, großer innerer Sicherheit. *«Im Geiste sich finden, / Heißt Menschen verbinden.»*[40]

Letztlich ging es in der Stuttgarter Erziehungstagung und letztlich geht es in der ganzen Arbeit der Waldorfpädagogik um das «Erbauen neuer Welten», um die Schaffung der Zukunft auf Grundlage «wahrer Menschen-Erkenntnis». *«Im Menschen sich schauen ...»*[41]

40 Rudolf Steiner: *Die Methodik des Lehrens und die Lebensbedingungen des Erziehens.* GA 308, S. 89.

41 «Die herzliche, hochgesinnte, festlich-warme Stimmung steigerte sich von Vortrag zu Vortrag und erreichte dann im letzten Vortrag einen noch nie erlebten Höhepunkt. Als er [Rudolf Steiner] am Ende dieses Vortrages die Schlussmeditation, das neue Erziehungswort den Zuhörern mitgab, mitgab mit der starken Stimme und dem heiligen Ernst der pädagogischen Aufgabe gegenüber, war es minutenlang so still, dass man eine Nadel hätte fallen hören können. *Dem Stoff sich verschreiben, / heißt Seelen zerreiben. / Im Geiste sich finden, heißt Menschen verbinden. / Im Menschen sich schauen, / heißt Welten abbauen.* Dann erhoben sich alle von ihren Sitzen, und nun da brauste ein Beifall und ein Zurufen im Saal, was zu einer nicht endenden Ovation anwuchs. Immer wieder musste Rudolf Steiner das Podium betreten und schließlich den enthusiasmierten Menschen mit beiden Händen bewegt und herzlich zuwinken. Dieses Abschiednehmen gestaltete sich zu einem unvergesslichen Erlebnis. Rudolf Steiner war erkannt worden.» (Rudolf Grosse: *Die Weihnachtstagung als Zeitenwende*. Dornach 1976, S. 91 f.).

Rudolf Steiner: Entwurf des Spruches
«Dem Stoff sich verschreiben ...» (1924).
Notizbuch 571, S. 52 © Rudolf Steiner Archiv, Dornach.

Constanza Kaliks

Vom Lehren und Lernen

Ein lebendiges Sich-Erfühlen des Lehrenden,
des Erziehenden im ganzen Weltenall …[1]

Ausgehend von der Gründung der Waldorfschule im Herbst 1919 in Stuttgart entwickelte sich über ein Jahrhundert lang eine weltweite Schulbewegung mit Schulen und Kindergärten in vielen Ländern und auf allen Kontinenten. Der Gründung der Stuttgarter Schule ging ein 14-tägiger Kurs voraus, eine Ausbildung in anthroposophischer Menschenkunde mit methodisch-didaktischen Betrachtungen und Besprechungen mit den damals noch zukünftigen LehrerInnen. Dieser Kurs kann zweifellos als eine der Grundlagen für den pädagogischen Impuls Rudolf Steiners angesehen werden, und doch ist vieles von dem, was in den pädagogischen Lehrkursen bis zum Sommer 1924 geschah, keine bloße Ergänzung des ersten Stuttgarter Kurses und kann in seiner Eigenart und seinem spezifischen Beitrag zur Pädagogik noch weiter erschlossen werden. Das Werden des Kindes wurde in diesen Folgekursen in immer neuen Formen und aus verschiedenen Blickwinkeln dargestellt, wobei die Schwerpunkte jeweils neu und zum Teil anders gesetzt wurden. So haben die pädagogischen Unterweisungen, die Rudolf

---

1 Rudolf Steiner: *Die Methodik des Lehrens und die Lebensbedingungen des Erziehens.* GA 308, S. 69.

Steiner 1922, 1923 und 1924 auf Einladung von und in Verbindung mit prominenten VertreterInnen der Pädagogik in England entwickelte, einen ganz anderen Duktus, er wandte sich an ein anderes Publikum. 1919 ging es um eine Ausbildung unmittelbar vor der Schulgründung, und die Menschen, die sich in den zwei Wochen intensiv für den Unterricht vorbereiten sollten, waren zum großen Teil mit der anthroposophischen Geisteswissenschaft vertraut, nicht jedoch mit der Schulpraxis; manche von ihnen hatten noch nie unterrichtet. Ganz anders wird Rudolf Steiner vor LehrerInnen sprechen, die ihre eigenen Erfahrungen aus dem Klassenzimmer mitbringen.[2]

Es kann sehr aufschlussreich sein, die verschiedenen pädagogischen Kurse unter dem Gesichtspunkt der Ausbildung und der thematischen Gewichtung und Gestaltung zu studieren, die Rudolf Steiner ihnen gegeben hat. Es ist von Bedeutung, die unterschiedlichen Perspektiven zu verfolgen, die mit den realen Menschen und den konkreten Kursumständen tun haben, aber auch mit dem, was Rudolf Steiner 1913 in den einleitenden Bemerkungen seines Buches *Die Schwelle zur Geistigen Welt* schreibt. Diese Zeilen können auch beim Studium des pädagogischen Kurses vom April 1924 in Stuttgart beachtet werden:

> Derjenige, welcher in die Erkenntnisse der Geisteswissenschaft wahrhaft eindringen will, wird die Notwendigkeit empfinden, das geistige Gebiet des Lebens von immer neuen Seiten betrachten zu können. Es ist ja nur

2 Zu Steiners unterschiedlichen Ansätzen für die LehrerInnen-Aus- und Fortbildung vgl. Johannes Kiersch: *Freie Lehrerbildung – eine Utopie? Die vier Entwürfe Rudolf Steiners*. Stuttgart 2021.

> naturgemäß, dass *jeder* solchen Darstellung eine Einseitigkeit anhaftet. Es muss bei Schilderungen des geistigen Gebietes dies viel mehr eintreten als bei solchen der Sinneswelt.[3]

Auch angesichts der zahlreichen Verpflichtungen Steiners, die mit der zu Weihnachten 1923 erfolgten Gründung der Freien Hochschule für Geisteswissenschaft und der Anthroposophischen Gesellschaft verbunden waren, ist die Dichte seiner pädagogischen Veranstaltungen des Jahres 1924 erstaunlich. Auf den Kurs in Stuttgart folgte unmittelbar der Kurs in Bern[4], im Juli der Kurs in Arnheim[5] und im August der Kurs in Torquay[6].

Im Folgenden sollen einige Aspekte des Stuttgarter Kurses herausgegriffen werden, ohne Anspruch auf Vollständigkeit und in Gestalt einer Betrachtung, die sich eng am Wortlaut der Vorträge orientiert. Zentrale pädagogische Themen, die von Rudolf Steiner in spezifischer Form behandelt und entfaltet wurden, mögen verdeutlichen, worauf der Schwerpunkt jeweils lag. Gerade diese Schwerpunkte scheinen mir für die heutigen pädagogischen Herausforderungen und Fragestellungen von großer Relevanz zu sein. Auch oder gerade bei der Lektüre von Steiners pädagogischen Beiträgen lohnt es sich zu beachten, dass das vermeintlich Gewusste den offenen

---

3 Rudolf Steiner: *Die Schwelle der geistigen Welt. Aphoristische Ausführungen.* GA 17. Basel [9]2020, S. 7.

4 Vgl. Rudolf Steiner: *Anthroposophische Pädagogik und ihre Voraussetzungen.* GA 309. Basel [6]2017.

5 Vgl. Rudolf Steiner: *Der pädagogische Wert der Menschenerkenntnis und der Kulturwert der Pädagogik.* GA 310. Dornach [4]1989.

6 Vgl. Rudolf Steiner: *Die Kunst des Erziehens aus dem Erfassen der Menschenwesenheit.* Dornach [5]1989.

Blick auf das noch zu Wissende gegebenenfalls verstellen kann; mögen auch die Grundlagen der menschenkundlichen Perspektive bekannt erscheinen, so sind doch die Gedankengänge und nicht selten auch die Begriffe und Charakterisierungen erstaunlich anders und werfen ein ganz eigenes Licht auf den werdenden Menschen und die pädagogische Praxis.

Zwischen dem ersten Kurs in Stuttgart, der fast fünf Jahre vorher gehalten wurde, und dem vom April 1924 liegt die gelebte Praxis in der Schule, liegen die gesammelten Erfahrungen mit den Kindern und Jugendlichen, mit dem Lehrerkollegium, mit den Eltern, mit den Behörden. Ein anderer, neuer Blick wird auf das Wesen des Kindes, auf die Aufgabe derer, die das Kind in der Schule aufnehmen, geworfen und beschrieben. Rudolf Steiner schildert die Entwicklungsphasen nahe an den physisch sichtbaren Phänomenen, spricht über die Seelenverfassung in der Zeit vor und nach dem Zahnwechsel, vor und nach der Geschlechtsreife. Im Zentrum des Kurses steht ganz klar das, was im Titel steht – auf die Titelformulierung wird in den fünf Vorträgen ungewöhnlich oft Bezug genommen:

Die Methodik des Lehrens und die Lebensbedingungen des Erziehens

Der Titel beschreibt schlicht den Raum, in dem sich pädagogische Praxis abspielt – gewissermaßen jeden Tag, in jeder Unterrichtsstunde: Die Realität der Erziehung entsteht in der Schule im Zusammenspiel der Methodik des Lehrens und jenen Lebensbedingungen, die teils mitgebracht werden, teils erst in der Begegnung von Kindern, Jugendlichen und LehrerInnen entstehen.

Rudolf Steiner entwirft einen Begriff der Methodik des Lehrens, der Abstand zur Systematisierung hält und in sich beweglich bleibt. Sobald die Methodik den Charakter eines Systems annimmt, indem sie vorgeformte Vorgehensweisen beschreibt, die anzuwenden sind, ohne primär von der Wirklichkeit des Kindes und seiner Umstände auszugehen, droht sie lebensfremd zu werden. Diese lebensweltfremde Methodik kann, da in der dem Kind gemäßen Konstitution seelische und leibliche Prozesse und Vorgänge eng miteinander verwoben sind, bis in die Physis hineinwirken und auch Folgen für die leibliche Organisation des Menschen haben. Insofern ist das Motiv der Zusammenführung von Methodik und Leben ein zentrales pädagogisches Thema.

Im ersten Vortrag weist Rudolf Steiner am 8. April 1924 darauf hin, dass das Wichtigste, was sich im Unterricht und in der Erziehung abspielt, zwischen der Seele des Kindes und der Seele des Lehrers geschieht. Auf dieses Motiv des seelischen Zwischenraums kommt er am Ende des Kurses noch einmal zurück, wo er von den «Arbeiten in verborgenen Kräften zwischen Kindesherz und Erzieherherz»[7] spricht. Dies wird der Schlüssel für eine Methodik, die den Bedingungen des Lebens entspricht.

Das, was zwischen der Seele des Kindes und der des Lehrers lebt, verwandelt sich ständig und erfordert die Aneignung eines Blicks, der es erfassen kann:

> Wir werden unmittelbar darauf gewiesen, dass eigentlich das Wichtigste sich abspielt im Erziehen und Unterrichten zwischen der Lehrerseele und der Kindesseele. Und von dieser Menschenerkenntnis lassen Sie

---

7 Rudolf Steiner: *Die Methodik des Lehrens und die Lebensbedingungen des Erziehens.* GA 308, S. 78.

> uns zunächst ausgehen, von jener Menschenerkenntnis, die nicht scharf konturiert ist, weil sie eigentlich nicht bezogen wird auf den einen Menschen, sondern weil sie schwebt, gewissermaßen sich vielfach hin- und herwebt zwischen dem, was im Unterrichte und in der Erziehung in der Lehrerseele vor sich geht, und dem, was in der Kindesseele vor sich geht. Es ist unter Umständen schwierig zu fassen, was sich da in wirklich imponderabler Weise hinzieht von Lehrerseele zu Kindesseele und umgekehrt. Denn dasjenige, was da strömt, es verändert sich im Grunde genommen in jedem Augenblicke, während wir unterrichten und erziehen. Man muss sich einen Blick dafür aneignen, einen Seelenblick, der das Flüchtige, Feine, das von Seele zu Seele spielt, erfasst. Vielleicht kann man erst dann, wenn man dasjenige, was so zwischen den Menschen intim geistig spielt, zu erfassen in der Lage ist, den einzelnen Menschen für sich erfassen.[8]

Hier spricht Rudolf Steiner zunächst von einem nicht scharf umrissenen Erkennen des Menschen. Im dritten Vortrag ändert sich diese Perspektive und es wird auf ein Erkennen hingewiesen, das sich aus dem Allgemeinen in das Real-Konkrete des wirklichen Kindes wandelt und dann aus der Wahrnehmung der Einzelheiten in das Erfassen des Ganzen des werdenden Menschen übergeht. Ein großer Bogen, ausgehend von einer sensiblen, tastenden Geste des Zwischenseelischen, hin zur konkreten Wahrnehmung als «Lesen» des Kindes. Von diesem «Lesen» der Einzelheiten geht es zum Erfassen des ganzen Menschen.

Die menschenkundliche Betrachtung konzentriert sich auf das Verhältnis von leiblicher, seelischer und geis-

8 Ebd., S. 11.

tiger Konstitution und darauf, wie sich dieses Verhältnis vom Kleinkind bis zum Zahnwechsel, dann bis zur Geschlechtsreife und darüber hinaus verändert. Eine große Sensibilität ist durch die Verflechtung dieser Instanzen beim Kleinkind im pädagogischen Tun zu beachten.

> [In dieser Entwicklungszeit] sind Geist, Seele, Leib im Kinde noch nicht gegliedert, noch nicht differenziert, noch eine Einheit, ein Ineinanderweben. Das Geistige, das Seelische wirkt im Körper, indem es dessen Zirkulations- und Nahrungsvorgänge unmittelbar beeinflusst. Oh, wie ist beim Kinde die Seele in ihrer Empfindung nahe dem ganzen Stoffwechselsystem, wie wirken die zusammen! Erst später, beim Zahnwechsel, sondert sich das Seelische von dem Stoffwechsel mehr ab. Jede seelische Erregung geht beim Kinde über in die Zirkulation, in die Atmung, in die Verdauung. Leib, Seele, Geist sind noch eine Einheit. Dadurch setzt sich aber auch jeder Reiz, der von der Umgebung ausgeübt wird, bis in das Leibliche des Kindes fort.[9]

Dieses sich wandelnde Verhältnis stellt die Lehrenden vor unterschiedliche Aufgaben im Unterricht.

> Für das kleine Kind bis zum Zahnwechsel ist das Wichtigste im Erziehen der Mensch. Für das Kind vom Zahnwechsel bis zur Geschlechtsreife ist das Wichtigste im Erziehen der in lebendige Lebenskünstlerschaft übergehende Mensch. Und erst mit dem vierzehnten, fünfzehnten Lebensjahre fordert das Kind für den erziehenden Unterricht und das unterrichtende Erziehen dasjenige, was man selber gelernt hat, und das dauert so bis über

9 Ebd., S. 15.

das zwanzigste, einundzwanzigste Jahr hin, wo dann das Kind ganz erwachsen ist – es ist ja schon vorher eine junge Dame und ein junger Mann –, und wo eben der Zwanzigjährige dann als Gleichberechtigter dem anderen Menschen, auch wenn er älter ist, gegenübersteht.[10]

Die Anforderungen an den Lehrenden, die sich aus der sich weiterbildenden Konstitution des Kindes ergeben, sind groß: Rudolf Steiner spricht im ersten Vortrag vor allem vom *Lehrer vor dem Kind*. Im zweiten Vortrag schildert er das *Kind vor dem Lehrer* und wie das Werden des Kindes im aufmerksamen, wahrnehmenden Lehrer eine Gesinnung hervorruft, die das Erzieherische durchwirkt und es in die dem Kinde entsprechende Haltung bringt. So sind für das kleine Kind die Lebensbedingungen der Erziehung gegeben, wenn es spüren kann, dass der erwachsene Mensch ihm mit Demut begegnet, mit einer Stimmung, die ein Element der Weihe in sich trägt, des Staunens über das Wunder des Werdens.

Es gibt wenig, was so wunderbar auf das menschliche Gemüt wirken kann, als wenn wir sehen, wie von Tag zu Tag, von Woche zu Woche, von Monat zu Monat, von Jahr zu Jahr in dem ersten kindlichen Lebensalter das innerliche Geistig-Seelische hervorbricht, wie aus den chaotischen Bewegungen der Gliedmaßen, aus dem am Äußeren hängenden Blick, aus dem Mienenspiel, von dem wir fühlen, es gehört eigentlich der Individualität des Kindes noch nicht ganz an, sich alles das herausentwickelt und an der Oberfläche der menschlichen Gestalt zur Ausprägung kommt, was aus dem Zentrum, aus dem Mittelpunkte des Menschen kommt,

10 Ebd., S. 21.

wo dasjenige in seiner Wirksamkeit sich entfaltet, was vom vorirdischen Leben als göttlich-geistige Wesenheit herabsteigt. Kann man das so auffassen, dass man verehrend, hingebungsvoll sich sagt: Da offenbart sich die Gottheit, die den Menschen geleitet hat bis zu seiner Geburt, weiter in der Ausprägung des menschlichen Organismus, da sehen wir die wirkende Gottheit, da empfinden wir, wie der Gott zu uns hereinschaut –, kann man diesen Gottesdienst der Erziehung zu einer Angelegenheit seines Herzens machen, dann ist dies dasjenige, was aus unserer eigenen Lehrerindividualität heraus nicht in angelernter, sondern in innerlich hervorquellender, lebendiger Methodik alles Erziehen und Unterrichten leiten kann.[11]

Auf die rechte Gesinnung kommt es an: Das Kind ist bis zum Zahnwechsel von Natur aus ein religiöses Wesen, dann wird es ein künstlerisches. Anderes wird dann vom Lehrer verlangt. Dass die entsprechende Gesinnung gesucht, gepflegt wird, das sollte ein zentrales Anliegen in der Lehrerbildung sein[12] – so Rudolf Steiner im dritten Vortrag, am 10. April, vormittags.

Das Motiv des Lesens als Bild für die Erkenntnisform, die dem werdenden Wesen des Kindes entspricht, wird von Rudolf Steiner ausführlich entfaltet. Dieses Lesen ermöglicht einen Einblick in die Konstitution des Kindes und führt zu einem Erfassen des heranwachsenden, sich ständig wandelnden jungen Menschen.

Man muss vom Lesen im Allgemeinen der Menschennatur übergehen zum Lesen in der einzelnen Menschen-

11 Ebd., S. 31 f.

12 Vgl. ebd., S. 46.

wesenheit. Überall muss Pädagogik übergeführt werden können, lassen Sie mich diesen materiell gefärbten Ausdruck gebrauchen, in die Handhabung desjenigen, was man braucht. Beim Lesen geht auch dasjenige, was man gelernt hat über den Zusammenhang der Buchstaben, über in Handhabung. Es muss wirklich ein dem Lesen ähnliches Verhältnis werden, in das der Lehrer eingehen kann zu dem Schüler. Dann wird er die materielle Entwickelung des Körperlichen nicht unterschätzen und nicht überschätzen, sondern sich zu ihr in eine richtige Beziehung setzen. Dann wird er erst anwenden lernen, was ihm Physiologie und experimentelle Psychologie über das Kind geben können. Dann wird er vor allen Dingen aufsteigen können von der Einsicht in Einzelheiten zu der Gesamterfassung der werdenden Menschenwesenheit.[13]

Am gleichen Tag, dem 10. April, findet abends der vierte Vortrag statt. Auch hier betont Rudolf Steiner die Notwendigkeit, wahrnehmend zu bleiben, hinschauend, das Kind in seiner Entwicklung sehend, lesend, aus dem Kind ablesend, wessen es für seine sich ständig wandelnde Entwicklung bedarf.

Sie sehen, worauf es ankommt, ist dieses, dass man wirklich sachgemäß Woche für Woche, Monat für Monat den werdenden Menschen so in Betätigung versetzt, wie das die in ihm sich entwickelnden Kräfte der menschlichen Organisation verlangen. Es kommt also darauf an, dass man abliest aus der Art und Weise, wie sich die menschliche Wesenheit entwickeln will, was

13 Ebd., S. 47.

man in jedem Lebensalter mit dem Kinde zu machen hat.[14]

Konkret beschreibt Rudolf Steiner die Perspektiven des sich wandelnden Begreifens der kindlichen und jugendlichen Entwicklung und betont, dass diese Perspektiven in der Praxis wirksam werden können. Die Erkenntnis des physischen Leibes durch Anschauung und Vernunft, die Erkenntnis des Ätherleibes durch die Anschauung und die künstlerische Übung der plastischen Formkräfte, die Erkenntnis des Astralleibes durch die Einsicht in das Musikalische, die Erkenntnis der Ich-Organisation durch die Einsicht in das Wesen der Sprache – all diese Erkenntnis bleibt unwirksam, wenn sie nicht zur Lebensanschauung wird, wenn sie nicht als Begeisterung für das Kind und die Welt lebt: darin liegt die Aufgabe und der Sinn dieser Menschenerkenntnis. Ihr Wirksamwerden ist nicht die Umsetzung ideell erfasster Gesichtspunkte. Als begeisterungsfähige Erkenntnis ermöglicht sie eine den Lebensbedingungen entsprechende Methodik:

> Eine wirkliche, in das Wesen der Welt und des Menschen eindringende Einsicht [wird] durch ihr eigenes Dasein im Herzen des Menschen in Begeisterung ausbrechen und den Erzieher und Unterrichter so hineinstellen in seinen Beruf, dass er aus dem, was er in seinem Verhältnis zur Welt und zu sich selbst fühlt, selber Begeisterung schöpfen kann, wie der Künstler, wenn ihm das Kunstwerk in den Gliedern liegt. Da braucht er sich auch nicht erst die Begeisterung von etwas anderem herzuholen: er holt sie sich von der Sache her.[15]

---

14 Ebd., S. 60.

15 Ebd., S. 58 f.

Der seelische Raum zwischen Kind und LehrerIn, der zu Beginn des Kurses als das Wichtigste angesprochen wurde («Wir werden unmittelbar darauf gewiesen, dass eigentlich das Wichtigste sich abspielt im Erziehen und Unterrichten zwischen der Lehrerseele und der Kindesseele»), ist der Raum, in dem sich die Begeisterung für Mensch und Welt lebendig vermittelt. Die Gegenüberstellung zwischen der Lehrerseele und der Kindesseele wird überbrückt durch den Seelenzustand der Begeisterung, der aus der Welt- und Menschenkenntnis erwächst und erzieherisch wirkt. An dieser Stelle sei auch darauf hingewiesen, dass es in den Ausführungen Rudolf Steiners dezidiert nicht darum geht, dass eine Weltauffassung, sondern vielmehr, dass die aus ihr entstehende Begeisterung für Mensch und Welt dem Kinde zugänglich wird:

> Und jene Begeisterung, die beim Lehrenden und Erziehenden aus einer innerlich erlebten und immer neu zu erlebenden Weltanschauung kommt, jene innerliche Begeisterung, die wird sich übertragen auf die Seelenverfassung der Kinder, die dem Lehrer anvertraut sind. Diese Begeisterung wird leben in alledem, was der Lehrer in der Schule erzieherisch machen kann.[16]

Zurückkommend zur Lehrerin, zum Lehrer, betont Rudolf Steiner, wie das Verhältnis, das das Kind in den ersten Schuljahren bis zur Geschlechtsreife zu sich selbst und zur Welt aufbaut, auf dem Verhältnis des Lehrers zu sich selbst und zur Welt beruht. Diese Beziehung ist unabdingbar für das Hineinwachsen des Kindes in die Welt.

---

16 Ebd., S. 59.

Das ist ein offensichtlicher, aber, so Steiner, ein geradezu radikaler Ausspruch an die Lehrerin, an den Lehrer.

> Nun handelt es sich darum, bei allem, was dem Kinde gerade beizubringen ist zwischen dem Zahnwechsel und der Geschlechtsreife, die Methode zu finden, wie das Beizubringende herauszulesen ist aus den Anforderungen der Menschennatur selber. Da ist vor allen Dingen notwendig, wenn man das Kind allmählich in ein Verhältnis zu sich selbst und zur Welt einführen will, dass man als Lehrender und Erziehender selbst ein solches Verhältnis zur Welt hat. Nun ist es allerdings in unserer gegenwärtigen Zivilisation eigentlich nicht möglich, wenn man ein noch so gelehrter Mensch geworden ist, innerhalb dieser Zivilisation ein innerlich belebtes, inhaltserfülltes Verhältnis zur Welt und zu sich selbst zu gewinnen. Wiederum ein radikaler Ausspruch.[17]

Dieser «radikale Ausspruch» ist als fundamentaler Anspruch auf ein belebtes und erfülltes Verhältnis zu sich und zur Welt Bedingung für das pädagogische Wirken – und er ist heute weit über den Kontext der Waldorf- und Steinerschulen hinaus anerkannt. Die Unersetzbarkeit des erlebenden Erwachsenen gegenüber jeder Art von produzierten Lernmaterialien, Instrumenten oder Programmen ist ein pädagogisch existenzielles Thema in wissenschaftlichen und gesellschaftlichen Debatten. Dies ist eine durchdringende, ja existenzielle Bedingung: sich lebendig zu fühlen, sich teilhaftig zu fühlen am Ganzen der Welt. Die gefühlte Verbundenheit reicht über die ei-

17 Ebd., S. 60 f.

gene Umgebung hinaus und begründet eine Methodik, die aus den Lebensbedingungen erwächst:

> Methodik des Lehrens, die muss leben, die kann nicht bloß ausgeübt werden. Methodik des Lehrens muss erblühen aus den Lebensbedingungen des Erziehens. Und sie kann erblühen aus den Lebensbedingungen des Erziehens, wenn sie erwächst aus einem lebendigen Sich-Erfühlen des Lehrenden, des Erziehenden im ganzen Weltenall.[18]

Auf diese Weise spricht die ganze Welt zu dem Kind durch das, was die Lehrerin oder der Lehrer in sich selbst als Weltbeziehung trägt:

> Das sind die Dinge, die einem belegen können, wie Unterrichten und Erziehen nicht auszugehen haben von irgendeinem Erlernen, das man dann anwendet, sondern wie Unterricht und Erziehung auszugehen haben von einem lebendigen Durchdrungensein, das einen so hineinstellt in die Klasse, wie wenn man etwas wäre, das in diesem Wirken auf die Kinder, ich möchte sagen, nach vorne sich äußert, indem von hinten her die Weltengeheimnisse pulsierend den Menschen durchströmen; wie wenn man das bloße Werkzeug dafür wäre, dass die Welt zu dem Kinde sprechen könne. Dann liegt ein wirklicher, nun nicht äußerlich pedantischer, sondern ein innerlich lebenskräftiger methodischer Zug im Unterrichte. Dass nicht eine Begeisterung erkünstelt werde, sondern eine Begeisterung erblühe, wie die Blüte erblüht aus der ganzen Pflanze, aus dem, was der

---

18 Ebd., S. 69.

> Lehrer in sich trägt als sein Verhältnis zur Welt, darauf kommt es an.[19]

Der Vortrag endet mit einer Zusammenführung dessen, was in den ersten Lebensabschnitten des Kindes bis zur Geschlechtsreife angelegt wurde: Alles, was sich als Bilder, als erlebte, durchlebte Bilder eingeprägt hat, wird zur Grundlage für das verstehende Verhältnis zur Welt. Die inneren Bilder werden nun verstanden, und aus dem eigenen Erleben, aus diesem Fundus des Eigenen erwächst die Erfahrung der Freiheit. Ohne dass in das Selbst des jungen Menschen eingegriffen wird, kann er sich im Geborenwerden der eigenen Freiheit erfahren. Ein großer Entwicklungsbogen, für den der Pädagoge einen «Boden» bereitete:

> [Das] Merkwürdige tritt ein, dass das, [...] was in lebendigen Bildern innerlich musikalisch-plastisches Eigentum der Seele geworden ist, dann erfasst wird von dem Intellekt. Und der Mensch nimmt mit seinem Intellekt nicht etwas auf von dem, was man ihm zwangsmäßig von außen intellektualistisch beibringt, sondern der Mensch nimmt dasjenige auf mit dem Intellekt, was erst selber in ihm auf andere Art gewachsen ist als durch den Intellekt. Und dann tritt das Bedeutsame ein: Man hat vorbereitet, was hinter der Geschlechtsreife bei den gesund sich entwickelnden Menschen liegen muss, das Selbst-Begreifen dessen, was man schon hat. Alles, was man in Bildern begriffen hat, lebt aus dem eigenen inneren Hervorquellen verständnisvoll jetzt auf. Der Mensch schaut in sich, indem er zum Intellekt übergehen will. Das ist ein Ergreifen des Men-

19 Ebd., S. 72.

schenwesens in sich selber durch sich selber. Da findet ein Zusammenschlagen statt des astralischen Leibes, der musikalisch wirkt, mit dem ätherischen Leibe, der plastisch wirkt. Da schlägt etwas im Menschen zusammen, und durch dieses Zusammenschlagen wird der Mensch sein eigenes Wesen nach der Geschlechtsreife in einer gesunden Weise gewahr. Und indem so zusammenschlägt, was zwei Seiten seiner Natur darstellt, kommt der Mensch nach der Geschlechtsreife durch dieses nun erst erfolgende Begreifen desjenigen, was er früher nur angeschaut hat, zum richtigen inneren Erlebnis der Freiheit.

[...] Ich warte, indem ich alles das im Menschen erziehe, was nicht sein Eigenes ist, bis sein Eigenes ergreift, was ich in ihm erzogen habe. So greife ich nicht brutal ein in die Entwickelung des menschlichen Selbstes, sondern bereite dieser Entwickelung des menschlichen Selbstes, die nach der Geschlechtsreife eintritt, den Boden. Gebe ich dem Menschen vor der Geschlechtsreife eine intellektualistische Erziehung, bringe ich an ihn abstrakte Begriffe heran oder fertig konturierte Beobachtungen, nicht wachsende, lebenssprühende Bilder, dann vergewaltige ich ihn, dann greife ich brutal in sein Selbst ein. Wahrhaft erziehen werde ich ihn nur, wenn ich nicht eingreife in sein Selbst, sondern abwarte, bis dieses Selbst selbst eingreifen kann in das, was ich in der Erziehung veranlagt habe. Und so lebe ich mit dem Kinde demjenigen Zeitpunkte entgegen, wo ich sagen kann: Da wird das Selbst in seiner Freiheit geboren; ich habe ihm nur den Boden bereitet, dass es sich selber gewahr werden kann.[20]

20 Ebd., S. 73 f.

In einem Notizbucheintrag vom 11. April, in dem die im Kurs charakterisierten Entwicklungszeiten der Kindheit wie konzentriert zusammengefasst sind, schreibt Rudolf Steiner, dass sich in den ersten sieben Jahren der Wille tief in die Körperfunktionen senkt – daneben steht: *«Einatmen»*. Vom 8. bis zum 14. Lebensjahr ist vermerkt, dass das Gefühl im Körperrhythmus atmet, und dann vom 15. bis zum 21. Lebensjahr, dass das Denken sich im Ausatmen wahrnimmt. Das sich Einsenkende des Willens – ein Einatmen; das Atmende im Gefühl, das Ausatmende im Denken.[21] Ein großer Inkarnationsbogen in den vom Leben gegebenen Bedingungen für das Erziehen.

Im fünften und letzten Vortrag am 11. April kommt Rudolf Steiner auf das Bild des Lesens als Schlüssel zu einer in den Lebensbedingungen des Menschen begründeten Lehrmethodik zurück:

> Dasjenige, was unserer Pädagogik zugrunde liegt, ist, eine Methodik des Lehrens zu finden, die Lebensbedingungen der Erziehung durch das Lesen in der Menschennatur zu finden, durch jenes Lesen in der Menschennatur, das die Wesenheit des Menschen allmählich enthüllt, so dass wir dieser Enthüllung folgen können mit dem, was wir vom Lehrplan bis zum Stundenplan in Unterricht und Erziehung hineintragen.[22]

Rudolf Steiner stellt dar, wie dieses Lesen konkret wird und wie das Kind zwischen Zahnwechsel und Geschlechtsreife die Welt in ihrer Resonanz in der Pädago-

---

21 Vgl. Rudolf Steiner, Notizbuch 571, Rudolf Steiner Archiv Dornach.

22 Rudolf Steiner: *Die Methodik des Lehrens und die Lebensbedingungen des Erziehens.* GA 308. S. 75.

gin, im Pädagogen erlebt und wie die Kräfte, die zwischen dem Herzen des Kindes und dem Herzen des Erwachsenen leben, die Lebensbedingungen der Erziehung bilden:

> So erlebt das Kind am Erzieher die Welt, die Welt in ihrer Güte, die Welt in ihrem Bösen, die Welt in ihrer Schönheit, die Welt in ihrer Hässlichkeit, in ihrer Wahrheit, in ihrer Lüge. Und dieses Gegenüberstehen dem Lehrer und Erzieher, dieses Arbeiten in den verborgenen Kräften zwischen Kindesherz und Erzieherherz, das ist der wichtigste Teil der Methodik des Lehrens, und darin liegen die Lebensbedingungen des Erziehens.[23]

Auf das Motiv der Vorbereitung zu einer autonomen, individuellen Ethik, die aus der seelischen Anlage herauswächst, kommt Rudolf Steiner noch einmal zu sprechen:

> Wenn wir nun beachten lernen, wie das Religiöse, das erst naturhaft war, sich seelisch metamorphosieren will, da legt der Lehrer und Erzieher in das Wort hinein dasjenige, was zum gefallenden Bild des Guten, Schönen, Wahren wird. Dann liegt in seinem Worte das, woran das Kind hängt. Da handelt aber noch der Lehrer und Erzieher. Seine Handlungsweise wird jetzt nicht mehr nachgeahmt, sie weist zu dem, was dahintersteht. Sie regt nicht mehr das äußerlich Körperliche an, sie regt das Seelische an. Eine religiöse Atmosphäre durchzieht das moralische Gefallen und Missfallen.
> Wenn das Kind durch die Geschlechtsreife durchgegangen ist, dann beginnt erst eigentlich das Intellektuelle sich in seiner Art zu regen. Daher habe ich schon aufmerksam gemacht, dass es darauf ankommt, den Men-

---

23 Ebd., S. 78.

> schen wirklich dahin zu bringen, dass er das, was er verstehen soll, dann in sich selber finden kann, dass er heraufholen kann aus seinem Inneren, was ihm gegeben worden ist erst für die naturhafte Nachahmung, dann für die künstlerische Verbildlichung; so dass wir auch für das spätere Lebensalter an den Menschen nicht das heranbringen sollen, wo wir ihn zwingen, dass er in sich, ob er nun will oder nicht, logische Überwältigung empfindet.[24]
>
> [...]
>
> Dann quillt das Moralprinzip heraus aus demjenigen, was nun schon im Selbst des Menschen ist; dann ersteht die religiöse Hingabe im Geiste an die Welt, nachdem sie zuerst naturhaft in der ersten Epoche, seelenhaft in der zweiten Epoche da war.[25]

Gegen Ende des Vortrags wird das Motiv der Ehrfurcht vor dem Selbst des Menschen angesprochen – wie dieses Selbst nicht erfasst, ja, wie es verleugnet wird, wenn sich die Erkenntnis auf die Anschauung des Stoffes begrenzt. Die Folge ist eine Verneinung der Menschenerkenntnis:

> Ich habe [...] darauf hinweisen müssen, wie wir, in scheuer Ehrfurcht vor dem, was die göttlichen Mächte als Selbst des Menschen in die Welt gesetzt haben, diesem Selbst als Erzieher zu seiner Entwickelung verhelfen. Und dieses Selbst, es wird nicht in Wahrheit erfasst, wenn es nicht im Geist erfasst wird; es wird in Wahrheit verleugnet, wenn es nur am Stoff erfasst wird. Vor allen Dingen hat im materialistischen Leben der neueren Zeit das Ich gelitten durch die Misserkennung,

---

24 Ebd., S. 79.

25 Ebd., S. 82.

die Missanschauung des menschlichen Selbstes, denn indem man überall losgegangen ist auf das Anschauen im Stoffe, auf das Handeln im Stoffe, zersplitterte vor dem Menschen der Geist, damit aber sein Selbst. Setzt man mit den naturhaften Methoden der Naturerkenntnis Grenzen, sagt man, man könne nicht in die Welt des Geistigen eindringen, so behauptet man nichts Geringeres als: man kann nicht in die Welt des Menschen eindringen. Der Erkenntnis Grenzen setzen heißt, für das Erkennen in der Welt den Menschen auslöschen.[26]

Im Zurückblicken auf den Kurs sagt Rudolf Steiner, dass das Verhältnis der Erziehung zum menschlichen Selbst und zum Kulturleben gezeigt werden sollte, dass aber im Erdenmenschen ein Himmelsmensch lebe und dass Erdenmensch und Himmelsmensch an der Erziehung teilhätten. Der Mensch ist ein Mitbauender des Menschen und der Welt, er «muss mitbauen an dem großen geistigen Weltenbau, der dann auch im Sinnlichen sich offenbart. Als ein an der Menschheit Mitbauender muss der Mensch erkannt werden in einem richtigen Erziehen.»[27] Dann wird in der Erziehung die Welt Mensch und der Mensch kann sich in der Welt entdecken.[28]

Der Vortrag schließt mit einem Spruch, den Rudolf Steiner als Metamorphose des Tagungstitels *Die Stellung der Erziehung im persönlichen Leben und im Kulturleben der Gegenwart*[29] recht unvermittelt einführt. In dem bereits erwähnten Notizbuch findet sich ein Eintrag vom 11. April, in dem der Spruch vermerkt ist. Dort ist auch

26 Ebd., S. 85 f.
27 Ebd., S. 87.
28 Ebd., S. 88.
29 Ebd., S. 93.

die Vorstufe erhalten – wo in der vorgetragenen Fassung «heißt» steht, stand vorher «ist». Liest man beide Fassungen, so wird etwas von der Vorsicht deutlich, die das Seelenleben und die Seelenvorgänge erfordern.

Dem Stoff sich verschreiben,
[Ist] Heißt Seelen zerreiben.

Im Geiste sich finden,
[Ist] Heißt Menschen verbinden.

Im Menschen sich schauen,
[Ist] Heißt Welten erbauen.[30]

Am Abend desselben Tages, dem 11. April, hielt Rudolf Steiner in Dornach zum ersten Mal die 7. Klassenstunde innerhalb der 19 Stunden, die er als spirituelle Grundlage aller Abteilungen bzw. Sektionen der Freien Hochschule für Geisteswissenschaft von Februar bis September 1924 entwickelte. Vor diesem Hintergrund ist es von Interesse, dass die LehrerInnen des Kollegiums der Stuttgarter Schule schon im Februar die Mitgliedschaft in der Hochschule beantragten. Im Gang des meditativen Selbsterkenntnisweges dieser Stunden steht die 7. an einer bedeutsamen Stelle: Hier vollzieht sich für die meditative Erfahrung der Übergang von der sinnlich wahrnehmbaren in die nicht sinnlich wahrnehmbare Welt, ein Schwellenübertritt, der eine neue Sicht der menschlichen Konstitution ermöglicht. Die Mantren dieser Stunde stehen unmittelbar neben den Notizen des pädagogischen Vortrags, in sichtlich unregelmäßiger, ja wackeliger

30 Ebd., S. 89 und Rudolf Steiner, Notizbuch 571, Rudolf Steiner Archiv Dornach.

Schrift notiert, möglicherweise während der Fahrt nach dem Aufbruch vom Stuttgarter Erziehungskurs zurück zum Goetheanum, wo am Abend die Klassenstunde stattfand. Es ist bezeichnend, dass die Perspektive, die aus der Lektüre der menschlichen Konstitution eine den Lebensbedingungen entsprechende Methodik des Unterrichtens ermöglicht, auch in der Klassenstunde nachvollziehbar wird: Die Seelenkräfte, die vor dem Schwellenübertritt durch den Leib zusammengehalten werden, werden in ihrem Verhältnis zueinander neu gesehen – oder gelesen. Menschenkunde, Erkenntnis des Menschen ist das, was das reale Welt-Mitgestalten ermöglicht.

Das Programm der Pädagogischen Tagung zu Ostern 1924
(Handschrift Erich Schwebsch).

Philipp Reubke

Priesterliche Gesinnung im Kindergarten?

Im Rahmen der 1919 gegründeten «Freien Waldorfschule Uhlandshöhe» beabsichtigte Rudolf Steiner, auch einen Kindergarten einzurichten. Immer wieder hat er dieses Projekt erwähnt, das aus «Überfluss an Geldmangel» zunächst nicht realisiert wurde und auch im April 1924, zur Zeit seines letzten öffentlichen Vortragszyklus in Stuttgart, noch nicht verwirklicht worden war.

Den heutigen Leser der Vorträge kann daher erstaunen, dass in vielen Passagen ausführlich über die frühe Kindheit gesprochen wird: In drei der fünf Vorträge geht es um anthropologische, psychologische und spirituelle Besonderheiten des kleinen Kindes, um die Haltung der Eltern und Erwachsenen, die mit Kindern in den ersten Lebensjahren zusammen sind, um Erziehungsmethoden, die ihre Entwicklungsbedürfnisse berücksichtigen, um den immensen Unterschied von frühkindlichem und späterem Lernen. Immer wieder erinnert Rudolf Steiner seine Zuhörer an die Beobachtungen und Erlebnisse mit Neugeborenen. Und lädt sie ein, die Gefühle wachzurufen, die sie in der Nähe von ganz kleinen Kindern empfunden haben.

«Die Methodik des Lehrens und die Lebensbedingungen des Erziehens»: In diesen Vorträgen finden Eltern, Tagesmütter, Erzieherinnen und Erzieher einen Schatz von Anregungen für ihre Erziehungspraxis. Keine konkreten Vorgaben, was in diesem oder jenem Fall mit kleinen Kindern gemacht werden könnte. Aber eine Anleitung, wie jedefrau, jedermann die eigene, eine den ihr oder ihm anvertrauten Kindern angemessene Erziehungspraxis selbst entwickeln kann: Nehmt die Beschreibung der anthropologischen, psychologischen und spirituellen Besonderheiten des kleinen Kindes immer wieder zur Kenntnis, kultiviert die Gefühle, die durch diese Beschreibungen wachgerufen werden, dann werdet ihr «nicht in angelernter, sondern in innerlich hervorquellender, lebendiger Methodik alles Erziehen»[1] selber entwickeln. – Darauf scheint es Rudolf Steiner besonders angekommen zu sein: auf die Freude und volle seelische Präsenz des Erwachsenen, die durch die Kreativität in der Erziehungspraxis entsteht.

Aber welchen Sinn hat das ausführliche Eingehen auf die frühe Kindheit für Lehrerinnen und Lehrer, für alle diejenigen, die mit älteren Kindern und Jugendlichen zu tun haben, also für die große Mehrheit der damaligen Zuhörer? Auch für die Schulzeit finden sich in diesem Kurs nur wenige konkrete Vorschläge, die mit dem Lehrplan zusammenhängen (nur einige Bemerkungen über Schreiben und Lesen sowie Pflanzen und Tierkunde). Auch den Lehrern schlägt Steiner vor, sich intensiv um das Verständnis der kindlichen Entwicklung zu bemühen.

> Es muss im ganzen Menschenwesen des Lehrers ein intensiver Eindruck entstehen von dem Kinde wiederum als Ganzes, und dasjenige, was da erblickt wird in dem Kinde, muss Freude und Leben erweckend sein. Und jenes Wesen, das als Freude und Leben erweckend im Lehrer wirkt, das muss wachsen können und unmit-

1 Rudolf Steiner: *Die Methodik des Lehrens und die Lebensbedingungen des Erziehens.* GA 308, S. 32.

telbar eingeben dasjenige, was in der Frage liegt: Was machst du mit dem Kinde?[2]

Zum «Kinde als Ganzes» gehört die Geburt und die frühe Kindheit dazu. Und indem Rudolf Steiner vor Menschen darüber spricht, die nicht direkt mit diesem Lebensabschnitt zu tun haben, ist es, als ob er sagte: Vergesst nicht die Besonderheit des ganz kleinen Kindes und die «Lebensbedingungen» seiner Erzieherinnen und Erzieher. Von ihnen könnt ihr Wichtigstes für eure eigene Praxis lernen. Von der Qualität dessen, was in der frühen Kindheit angelegt wurde, hängt zum großen Teil ab, wie sich Kinder und Jugendliche mit dem verbinden können, was ihr ihnen vermittelt.

Innerhalb dieser ausführlichen Passagen, die die frühe Kindheit betreffen, gibt es eine, in der Steiner den Beruf der Erzieherin, des Erziehers mit einem anderen Beruf vergleicht. Ein für heutige Leser und vielleicht auch für damalige Zuhörer erstaunlicher, merkwürdiger Vergleich:

> Während das Kind mit seinem physischen Körper in die religiöse Stimmung des Gläubigen verfällt, verfällt derjenige, der erziehen soll, indem er hinblickt auf dasjenige, was in so wunderbarer Weise zwischen Geburt und Zahnwechsel sich abspielt, in die religiöse Gesinnung des Priesters.[3]

Weisheit, Besinnlichkeit, Ruhe, Würde, erhaben geführte Bewegungen, Worte, die die tiefsten Geheimnisse des Daseins betreffen – auch diejenigen, die mit der Aufgabe des

2 Ebd., S. 47.

3 Ebd., S. 30 f.

Priesters diese positiven Qualitäten assoziieren, empfinden wahrscheinlich eine starke Polarität zu den Erwartungen, die Eltern im Allgemeinen bezüglich der beruflichen Qualifikationen der Mitarbeitenden in einer Kita haben. Auch in Bezug auf traditionelle Gendervorstellungen ließe sich kaum ein größerer Gegensatz denken: hier ein Beruf, der in manchen Kirchen für Frauen verboten ist, dort eine Aufgabe, die fast ausschließlich von Frauen übernommen wird.[4] Und diejenigen, die negative Assoziationen mit dem Begriff des Priestertums verbinden – wie Dogmatismus, Lebensfremdheit, Autoritätsglaube –, werden für ihre Kinder eine Kita suchen, die ein anderes Vorbild für die professionelle Einstellung von Erzieherinnen und Erziehern kultiviert als dieses.

1924, im Kontext von Steiners letzten pädagogischen Vorträgen in Stuttgart, hat der Vergleich natürlich einen anderen Sinn. Aber beim schnellen Lesen der Vortragsnachschriften können auch heutige Leser meinen, Rudolf Steiner mache hier den Vorschlag, dass in Krippen und Kindergärten eine Stimmung gepflegt werden sollte, wie man sie in Kirchen und Klöstern antreffen kann: religiöse Bilder, Lieder und Worte, Stille und Besinnlichkeit. Was meinte wohl Rudolf Steiner, wenn er ganz explizit vom «Gottesdienst der Erziehung»[5], spricht und vom «pries-

---

4 2014 lag in Deutschland der Männeranteil in Kitas bei 4,1 %, 2023 bei 8,1 %. (Statista: *Anteil der männlichen Personen in Kindertageseinrichtungen (pädagogisches Personal sowie Leitungs- und Verwaltungspersonal) in Deutschland in den Jahren 2014 bis 2023.* https://de.statista.com/statistik/daten/studie/1011435/umfrage/maennliche-fachkraefte-in-der-kinderbetreuung-in-deutschland/ (Abruf am 06.07.2024)).

5 Rudolf Steiner: *Die Methodik des Lehrens und die Lebensbedingungen des Erziehens.* GA 308, S. 31.

terlichen Erziehen»[6]? Was soll heißen, dass das kleine Kind «mit seinem physischen Körper in die religiöse Stimmung des Gläubigen verfällt»?

Charakteristisch für religiöse Stimmung und Gottesdienste für Erwachsene ist der Versuch, den persönlichen, nur zur leiblichen Befriedigung aktiven Willen einem höheren, nicht leibgebundenen Willen zur Verfügung zu stellen: «Dein Wille geschehe ...» Auch die Gebetsformel zu Beginn der katholischen Messe lenkt die Aufmerksamkeit auf die Tatsache, dass unser Wollen, Fühlen und Denken zu stark auf uns und unsere körperlichen Bedürfnisse eingeengt ist: «Wir bekennen unsere Sünden ...» Wir müssen uns unserer Absonderung und Begrenztheit bewusst werden, bevor wir uns dem kosmischen, dem göttlichen Willen hingeben können. In den Worten Steiners: «Jeder Mensch wird mehr oder weniger dadurch, dass der Stoff ihn in der Körperlichkeit abschließt, auch eine verschlossene Seele.»[7] Auch im Zenbuddhismus taucht dieses Motiv in der Formel auf, die wahre Tätigkeit sei die «Nicht-Tätigkeit»:[8] Solange nur mein beschränkter Wille in meiner Tätigkeit lebt, kann sie fehlschlagen und in Konflikt mit der Welt sein. Wenn ich ihn zum Schweigen bringe, nicht tätig bin, kann der kosmische Wille, die wahre Tätigkeit, durch mich wirksam werden.

Was für Erwachsene ein seelischer Übungsweg ist, um trotz leiblicher Begrenztheit Interesse und immer stärkere Hingabe zu entwickeln, ist für das ganz kleine Kind ein natürlicher Zustand. Der Erwachsene kann durch beträchtliche Anstrengung Hingabe an das Göttlich-

---

6 Ebd., S. 76.

7 Ebd., S. 86.

8 Vgl. Eugen Herrigel: *Zen in der Kunst des Bogenschießens.* Frankfurt a. M. 2004.

Geistige entwickeln, indem er vom Physisch-Leiblichen unabhängiger wird. Das kleine Kind hat eine natürliche Hingabefähigkeit seines physischen Leibes an seine physische Umgebung. Rudolf Steiner weist immer wieder darauf hin, wie fast in allen pädagogischen Kursen, so auch in Stuttgart im April 1924:

> Wenn wir es von Seite des Kindes erfassen, was da vorliegt, dann finden wir, wie das Kind mit seinem innerlichen Seelenwesen, mit dem, was es sich heruntergebracht hat aus dem vorirdischen Leben, aus der geistig-seelischen Welt, ganz hingegeben ist an das Physische der Auswirkungen der anderen Menschen, die es umgeben.[9]

Die Hingabefähigkeit, die das Kind aus der geistig-seelischen Welt mitbringt, benutzt das Kind, um sich stark mit der physischen Welt und mit der Tätigkeit der Erwachsenen in der physischen Welt zu verbinden. Es betet nicht zu den Göttern in den Himmeln, sondern zur irdischen Umgebung und zu den Menschentaten.

> Und dieses Verhältnis ist, ins Naturhafte herunterversetzt, ins Äußere hineinversetzt, ein Verhältnis, das wir nicht anders bezeichnen können denn als ein religiöses.[10]

Aus diesem Kontext wird klar, was Steiner wohl im Sinn hatte, als er sagte, das kleine Kind verfalle «mit dem physischen Körper in die religiöse Stimmung des Gläu-

9 Rudolf Steiner: *Die Methodik des Lehrens und die Lebensbedingungen des Erziehens.* GA 308, S. 29.

10 Ebd.

bigen»: Die religiöse Stimmung, das religiöse Verhältnis des kleinen Kindes zur Welt ist eine Kraft, deren Qualität vergleichbar ist der Liebe und religiösen Hingabe von Erwachsenen, aber diese Kraft richtet sich nicht auf dieselbe Dimension. Sie bekommt ihre starke Kraft aus der geistigen Dimension, die das Kind gerade erst verlassen hat, richtet sich aber auf das Physische, geht vom physischen Leib aus, ist «leibliche Religion», wie Steiner bereits 1923 formuliert hat.[11]

Das Wort von der Hingabefähigkeit legt nahe, dass es sich um eine von innen nach außen wirkende Kraft handelt. Denselben Sachverhalt beschreibt Steiner aber auch anders. Man kann ebenso sagen, alle Eindrücke der Umgebung dringen tief bis in die Körperlichkeit des Kindes ein:

> Durch den ganzen Organismus rieselt dasjenige, was an Eindrücken aus der Umgebung kommt, klingt nach, tönt nach, weil das Kind noch nicht so innig wie später der Mensch mit seinem Körper verbunden ist, sondern in der Umgebung lebt mit dem loseren Geistig-Seelischen.[12]

Und noch prägnanter:

> Dasjenige, was der Erwachsene abgesondert im Auge erlebt, erlebt das Kind durch den ganzen Leib hindurch, und ohne dass Überlegung dazwischentritt, kommen

---

11 Rudolf Steiner: *Die pädagogische Praxis vom Gesichtspunkte geisteswissenschaftlicher Menschenerkenntnis.* GA 306. Dornach [4]1989, S. 52.

12 Rudolf Steiner: *Die Methodik des Lehrens und die Lebensbedingungen des Erziehens.* GA 308, S. 28.

> die Willensimpulse unmittelbar wie Reflexerscheinungen beim Kinde zutage.[13]
> […]
> Jede seelische Erregung geht beim Kinde über in die Zirkulation, in die Atmung, in die Verdauung. Leib, Seele, Geist sind noch eine Einheit.[14]
> […]
> Das Kind lebt religiös, aber eben naturhaft religiös. Es ist nicht die Seele hingegeben, sondern die Zirkulation seines Blutes, sein Atmungsprozess, die Art und Weise, wie es sich ernährt durch die aufgenommene Nahrung.[15]

Religiöse Stimmung des kleinen Kindes, seine «leibliche Religion», hat also für die Erzieherin, den Erzieher zunächst die praktische Konsequenz, dass sie berücksichtigen müssen, dass alles, was sie tun, fühlen und denken, eine Wirkung bis in die Körperlichkeit des kleinen Kindes hat. Starke Emotionen oder hohe intellektuelle Ansprüche, die in der Erwachsenenwelt gut und berechtigt sind, weil sie auf uns nur einen seelischen und geistigen Eindruck machen, wirken auf das kleine Kind aber auch körperlich. Hinterlassen sie dort Spuren, die eine Einseitigkeit oder ein Ungleichgewicht bewirken? Wie verhalte ich mich als Erzieherin, als Erzieher, wie gestalte ich die Umgebung so, dass die körperliche Wirkung der Umgebung die spätere Entwicklung des Kindes genügend freilässt? Dies sind Beispiele für pädagogische Fragen für diejenigen, die die religiöse Stimmung des Kindes ernst nehmen.

---

13 Ebd., S. 14.
14 Ebd., S. 15.
15 Ebd., S. 30.

Aber auch nach diesen Überlegungen wird noch nicht verständlich, was Steiner meint, wenn er «die Gesinnung des Priesters» als ein mögliches Vorbild für alle bezeichnet, die mit kleinen Kindern leben und arbeiten.

Um das, was gemeint sein könnte, zu verdeutlichen, möchte ich einen trivialen Vergleich aus dem Alltagsleben gebrauchen. Fährt ein LKW-Fahrer auf gleiche Weise, wenn er eine Ladung Kies oder wenn er Goldbarren transportiert? Fährt ein Busfahrer anders, wenn er weiß, er transportiert einen von ihm geschätzten Sportler, Künstler, den Ministerpräsidenten oder die Menschen aus dem Vorort? Kocht ein Gastgeber auf gleiche Weise, wenn er weiß, die Geliebte kommt zum Essen oder der Nachbar? Für Menschen, die uns wichtig sind, mobilisieren wir ganz andere Kräfte, für Sachen, deren Wert uns bewusst ist, engagieren wir uns stärker. Und durch die Ahnung oder das Wissen, dass uns etwas oder jemand Wichtiges anvertraut ist, entdecken und erkennen wir es oder ihn überhaupt erst, statt nur unachtsam an ihm vorüberzugehen.

Erziehen wir anders, wenn wir das uns anvertraute Kind als einen physischen Körper betrachten, der sich gemäß einem durch Vererbung und Lebensumstände bestimmten Programm entwickelt, oder wenn wir hypothetisch annehmen, ahnen oder wissen, dass ein «zweiter Mensch» seinen vererbten Körper gemäß den Kräften, die er aus dem vorgeburtlichen, von Göttern begleiteten Leben mitbringt, durch einen neuen, mehr oder weniger selbst gebildeten Leib ersetzt?

> Nur ist dieser zweite Mensch, der ganz den ersten ersetzt, den wir durch die physische Vererbung erhalten, nunmehr gebildet unter dem Einfluss derjenigen Kräfte,

> die sich der Mensch mitbringt aus seinem vorirdischen Leben.[16]

Rudolf Steiner war nicht nur überzeugt, dass jemand viel stärkere Kräfte für die Erziehung mobilisieren kann, wenn er diese Gedanken über das Wesen des Kindes «zu einer Angelegenheit seines Herzens» gemacht hat. Er meinte auch, dass das geistig-seelische Selbst sich nicht kräftig entwickeln kann, wenn es nicht erahnt oder erkannt wird:

> Und dieses Selbst [...]; es wird in Wahrheit verleugnet, wenn es nur am Stoff erfasst wird.[17]
> [...]
> Wie will man eine Seele erziehen, wenn man sie erst durch materialistische Gesinnung auslöscht?[18]

So wie ein Mensch seine Fähigkeiten viel dynamischer entwickeln kann, wenn sie von Freunden und Kollegen gesehen werden, so auch seine Geisteskraft, wenn sie von den Menschen, die ihn in den ersten Lebensjahren begleiten, erahnt oder erkannt werden kann.

Die «priesterliche Gesinnung» hat zu tun mit den Gefühlen der Ehrfurcht, des Respekts vor dem geistigen Wesen, den göttlichen Kräften, die uns im kleinen Kind entgegentreten. Der Vergleich von Erziehung und kirchlichem Gottesdienst wird auch dadurch nahegelegt, dass in beiden Fällen das Bemühen, die Bitte, das Gebet da ist, dass sich göttlich-geistige Kräfte mit dem Irdisch-Stofflichen verbinden mögen.

---

16 Ebd., S. 29.
17 Ebd., S. 85.
18 Ebd., S. 86.

> Denn dem irdischen Leben haben wir zu übergeben, was aus der göttlich-geistigen Welt uns zugekommen ist in dem Kinde, das sich durch seine Kräfte einen zweiten menschlichen Organismus bildet aus einer Wesenheit, die durch eine Gabe des göttlich-geistigen Lebens zu uns gekommen ist.[19]

Wer im Sinne dieser priesterlichen Gesinnung leben und arbeiten möchte, darf aber den Unterschied von Religion für Erwachsene und «leiblicher Religion» in den ersten Lebensjahren nicht aus dem Blick verlieren und nicht auf beiden Gebieten – der frühkindlichen Erziehung und in kirchlichen Gottesdiensten – sich derselben Mittel bedienen, um zum Ziel zu gelangen. Die kirchliche Religion hat zu tun mit der Erhebung der Seele aus der Enge des irdischen Daseins, die «leibliche Religion» hat damit zu tun, dass ein Wesen aus den Weiten der göttlich-geistigen Welt kommend sich einem bestimmten körperlich-sinnlichen Dasein zuwendet. Frühkindliche Erziehung als Priesterdienst hat die Aufgabe, dass sich dieses Wesen auf der Erde, in seinem Körper zu Hause fühlen kann, dass ihm die Sinne dabei Wohlbehagen und Orientierung vermitteln. Die große Polarität von kirchlichem und «pädagogischem Priestertum» bleibt also auch für Steiner bestehen. Vergleichbar ist das Begleiten eines Übergangs von Geistigem ins Irdisch-Stoffliche, vergleichbar ist die Wertschätzung und Ehrfurcht vor der Erhabenheit der beteiligten Wesen und Kräfte. In Gottesdiensten für Erwachsene kommt dabei die weihevolle Stimmung äußerlich zur Erscheinung, in Worten, Liedern, Bewegungen, Bildern und Zeremonien. In der frühkindlichen Erziehung hingegen kommt es auf die innere Haltung der Er-

19 Ebd., S. 31.

wachsenen an: Entwickeln sie tatsächlich starke Gefühle, intensive Gedanken über den Weg des Kindes, aus einer anderen Dimension kommend durch Schwangerschaft und Geburt hindurch bis in ein Leben mit einer individuellen, einzigartigen Prägung? Diese Gedanken und Gefühle müssen gar nicht in bestimmten Worten, Liedern oder Bildern ausgedrückt werden. Sie wirken dadurch, dass sie innerlich kultiviert werden. Der Sinn von Worten, die Bedeutung von Bildern, der Inhalt moralisch-religiöser Erziehung, das alles wirkt nicht auf das kleine Kind.

> Wir kommen moralisch dem Kinde vor dem Zahnwechsel nicht bei, wenn wir irgendwie moralisieren. Das hat im ersten Lebensalter noch keinen Zugang zu der Seele des Kindes. Da hat nur Zugang, was wir an Moral tun, was das Kind schauen kann in dem, was sich als Moral auslebt in den Handlungen, Gebärden, Gedanken, Gefühlen der menschlichen Umgebung.[20]

Wenn von einer «priesterlichen Gesinnung» im Sinne Steiners als Vorbild für Erzieherinnen gesprochen wird, dürfen wir nicht an die äußeren Attribute des Priesters denken. Die Köchin, Bäckerin, Tänzerin, Gartenarbeiterin, Holzschnitzerin, Handarbeiterin, die Putzfrau und Handwerkende, sie und ihre wenigen männlichen Kollegen drücken das pädagogische Priestertum in allen ihren Tätigkeiten aus – keine besonderen Worte oder Inhalte sind dafür notwendig. «Wie das Kind in jeder Handbewegung, in jeder Miene, in jeglichem Blick des Auges das dahinterstehende Geistige des Erwachsenen wittert

20 Ebd., S. 70.

und in sich fortrieseln lässt […]»[21], so spürt das Kind in allem, was der Erwachsene tut und wie er sich verhält, ob er tatsächlich die «priesterliche Gesinnung» authentisch kultiviert. Wie und ob sie auch in Worten ausgedrückt wird, spielt im Grunde im Kindergarten und der Krippe keine Rolle.

Was hingegen eine große Rolle spielt, ist, dass gearbeitet, gesungen, getanzt wird und wie der Erwachsene in seinen Gebärden, in seiner Stimme, in seiner Arbeit sich zeigt. Hier sind die wichtigen, wesentlichen Mittel des pädagogischen Priestertums.

> […] ob wir uns langsam bewegen in der Umgebung des Kindes, und dadurch die Lässigkeit unseres Geistig-Seelischen offenbaren, ob wir uns stürmisch bewegen in der Umgebung des Kindes und dadurch die Wucht unseres eigenen Geistig-Seelischen offenbaren, das alles wird von dem Kinde fast mit derselben Intensität aufgenommen, mit der sonst die Eindrücke, die auf das Sinnesorgan wirken, von diesem Sinnesorgan aufgenommen werden.[22]

Das, was Steiner in diesen Vorträgen Priestertum nennt und das fast ausschließlich bis vor Kurzem nur von Frauen ausgeübt wurde, ist wie ein Umstülpen des traditionell von Männern ausgeübten Berufs: Auf Worte und Inhalte kommt es nicht an, alles, worüber sich Dogmatiker jahrhundertlang gestritten haben, spielt in diesem Beruf keine Rolle. Sehr viel kommt darauf an, dass und wie etwas getan wird und welche Art von Gefühlen und

21 Ebd., S. 28.
22 Ebd., S. 14.

Gedanken seelisch kultiviert wird. Oder in den Worten Steiners am 8. April 1924:

> Was ich gelernt habe, hat gar keine Bedeutung für das, was ich dem Kinde bis zum Zahnwechsel als Erzieher bin.
>
> Für das kleine Kind bis zum Zahnwechsel ist das Wichtigste im Erziehen der Mensch.[23]

23 Ebd., S. 21.

Constanza Kaliks, Dr. phil., Mathematikerin und Pädagogin, promovierte über Nikolaus von Kues. Sie gehört dem Vorstand der Allgemeinen Anthroposophischen Gesellschaft an und leitet mit ihren Kollegen die Pädagogische und Allgemeine Anthroposophische Sektion am Goetheanum (Freie Hochschule für Geisteswissenschaft).

Philipp Reubke, Studium der Philosophie, Literatur und Pädagogik, arbeitete als Waldorflehrer und Kindergärtner in Frankreich. Er leitet zusammen mit Constanza Kaliks die Pädagogische Sektion am Goetheanum.

Peter Selg, Prof. Dr. med., leitet das Ita Wegman Institut für anthroposophische Grundlagenforschung (Arlesheim) und ist Mitglied des Leitungskollegiums der Allgemeinen Anthroposophischen Sektion. Er unterrichtet medizinische Anthropologie und Ethik an der Universität Witten/Herdecke und der Alanus Hochschule für Kunst und Gesellschaft in Alfter.

Peter Selg

Die anthroposophische Weltgesellschaft und ihre Hochschule

Vier Aufsätze und ein Brief

«Versuchen Sie, mit der Welt zusammenzuwachsen! Das wird das beste, das wichtigste ‹Programm› sein. Das kann man nicht in unsere Statuten hineinbringen; das sollten wir aber als eine Flamme in unsere Herzen hineinbringen können. Und wir können für die Verbreitung, für das richtige Hineintragen der Anthroposophie vor die Welt eigentlich nichts Besseres tun, als wenn wir uns immer mehr und mehr bewusst werden des gewichtigen Impulses, der die Anthroposophie sein soll für den weiteren Fortgang der Zivilisation.»

Rudolf Steiner, Den Haag, 18. November 1923

104 Seiten, kartoniert, ISBN 978-3-7235-1725-3